国家智库报告 2019(20)
National Think Tank
"一带一路"

中亚国家粮食生产国别报告

张宁 著

COUNTRY REPORT OF THE FOOD PRODUCTION IN CENTRAL ASIA

中国社会科学出版社

图书在版编目(CIP)数据

中亚国家粮食生产国别报告 / 张宁著 . —北京：中国社会科学出版社，2019.10

(国家智库报告)

ISBN 978 - 7 - 5203 - 5266 - 6

Ⅰ. ①中… Ⅱ. ①张… Ⅲ. ①粮食—生产—研究报告—中亚 Ⅳ. ①F336.061

中国版本图书馆 CIP 数据核字（2019）第 216042 号

出 版 人	赵剑英
项目统筹	王　茵
责任编辑	喻　苗
特约编辑	范晨星
责任校对	赵雪姣
责任印制	李寡寡

出　　版	中国社会科学出版社
社　　址	北京鼓楼西大街甲 158 号
邮　　编	100720
网　　址	http://www.csspw.cn
发 行 部	010 - 84083685
门 市 部	010 - 84029450
经　　销	新华书店及其他书店

印刷装订	北京君升印刷有限公司
版　　次	2019 年 10 月第 1 版
印　　次	2019 年 10 月第 1 次印刷
开　　本	787×1092　1/16
印　　张	13
插　　页	2
字　　数	168 千字
定　　价	68.00 元

凡购买中国社会科学出版社图书，如有质量问题请与本社营销中心联系调换
电话：010 - 84083683
版权所有　侵权必究

摘要：进口国外农产品和利用国外农业资源是中国农业发展的必然选择。与中亚国家的粮食贸易目前以中国进口为主，品种主要是小麦。尽管贸易量不大，对中国粮食进口的规模和结构总体影响不大，但也具有丰富"一带一路"合作内容、满足多样化消费需求和工业原材料需求、提高进口来源多元化、缓解国内环保和耕地压力等积极作用。当前，各方对加强粮食合作有兴趣和共识，加上互补性强，进一步拓展粮食贸易具有天时、地利和人和的良好条件，同时也面临环境约束、"中国威胁论"干扰等不利因素。为提高农业合作的规模和质量，宜将粮食贸易纳入粮食安全国际合作体系内，将贸易与减贫、能力建设、农业投资、共同粮食市场建设等多项内容领域相结合。

关键词：中亚；农业；粮食合作

Abstract: Importing foreign agricultural products and utilizing foreign agricultural resources is an inevitable choice for China's agricultural development. The grain trade with Central Asian countries is currently dominated by Chinese imports, and the variety is mainly wheat. Although the volume of trade is small, it has little overall impact on the size and structure of China's grain imports. However, it also plays a positive role in enriching the content of the Belt and Road cooperation, meeting the needs of diversified consumption and industrial raw materials, increasing the diversification of import sources, and easing domestic environmental protection and arable land pressure.

At present, all parties are interested in and agree on strengthening grain cooperation. With strong complementarity, further expansion of grain trade has good conditions of timing, geographical advantage and harmony. At the same time, they are also facing adverse factors such as environmental constraints and interference with China's threat theory. In order to improve the scale and quality of agricultural cooperation, it would be appropriate to integrate food trade into the international cooperation system for food security, integrating trade with poverty reduction, capacity-building, investment in agriculture and the building of a common food market.

Key Words: Central Asia, Agriculture, Agricultural Cooperation

目 录

上 篇

一 中亚的农业自然环境 ……………………………… (3)
 （一）气候 ……………………………………………… (4)
 （二）降水 ……………………………………………… (6)
 （三）河流 ……………………………………………… (10)
 （四）土壤 ……………………………………………… (14)

二 中亚国家的粮食生产 ……………………………… (19)
 （一）种植面积 ………………………………………… (20)
 （二）粮食生产与消费 ………………………………… (23)

三 中亚国家的农业国际合作 ………………………… (31)
 （一）中国与中亚国家的农业合作项目 ……………… (32)
 （二）国际组织 ………………………………………… (36)
 （三）美国、欧盟与中亚国家的农业合作 …………… (41)
 （四）欧亚经济联盟的农业合作 ……………………… (46)

四 农业合作的机遇与风险 …………………………… (49)
 （一）合作可行性分析 ………………………………… (53)
 （二）主要政策环境风险 ……………………………… (56)

（三）现实困难 …………………………………… (62)

五　建议 ………………………………………………… (65)
　　（一）合作原则 …………………………………… (65)
　　（二）合作内容 …………………………………… (67)

下　篇

六　哈萨克斯坦的粮食状况 ………………………… (73)
　　（一）气候和水资源 ……………………………… (73)
　　（二）土地政策 …………………………………… (78)
　　（三）农业发展战略 ……………………………… (80)
　　（四）农业生产主体 ……………………………… (81)
　　（五）粮食种植面积 ……………………………… (84)
　　（六）粮食生产 …………………………………… (86)
　　（七）粮食消费 …………………………………… (92)
　　（八）粮食进出口 ………………………………… (100)

七　乌兹别克斯坦的粮食状况 ……………………… (114)
　　（一）气候和水资源 ……………………………… (114)
　　（二）土地政策 …………………………………… (119)
　　（三）农业发展战略 ……………………………… (120)
　　（四）农业生产主体 ……………………………… (122)
　　（五）粮食种植面积 ……………………………… (123)
　　（六）粮食生产 …………………………………… (125)
　　（七）粮食消费 …………………………………… (128)
　　（八）粮食进出口 ………………………………… (129)

八 吉尔吉斯斯坦的粮食状况 …… (132)
 （一）气候和水资源 …… (133)
 （二）土地政策 …… (140)
 （三）农业发展战略 …… (145)
 （四）农业生产主体 …… (148)
 （五）粮食种植面积 …… (150)
 （六）粮食生产 …… (152)
 （七）粮食消费 …… (156)
 （八）粮食进出口 …… (159)

九 塔吉克斯坦的粮食状况 …… (162)
 （一）气候和水资源 …… (162)
 （二）土地政策 …… (165)
 （三）农业发展战略 …… (167)
 （四）农业生产主体 …… (169)
 （五）粮食种植面积 …… (170)
 （六）粮食生产 …… (173)
 （七）粮食消费 …… (174)
 （八）农产品进出口 …… (179)

十 土库曼斯坦的粮食状况 …… (182)
 （一）气候和水资源 …… (182)
 （二）土地政策 …… (186)
 （三）农业发展战略 …… (188)
 （四）农业生产主体 …… (189)
 （五）粮食种植面积 …… (190)
 （六）粮食生产和消费 …… (191)

参考文献 …… (196)

粮食是供食用的谷物、豆类和薯类的统称，所含营养物质主要为糖类（淀粉为主）和蛋白质。狭义的粮食仅指谷物，包括麦类（小麦、大麦、皮麦、青稞、黑麦、燕麦等）、稻谷类（粳稻、籼稻、糯稻、陆稻、深水稻等）和粗粮类（玉米、高粱、荞麦、粟、黍等）三大类。广义的粮食概念除谷物外，还包括作为补充主食用的粮食作物，如大豆、红小豆、绿豆、黑豆、青豆、木薯、番薯等。

中国自1994年起将粮食定义为五大类：小麦、大米、玉米、大豆、其他（包括薯类、小麦以外的其他谷类、大豆以外的其他非蔬菜型豆类）。

独立国家联合体（以下简称"独联体"）地区的"粮食"概念（зерно, grain），"是用于食用的谷类、豆类和油料作物的果实，可用于食物、种子、饲料和技术等用途"。对应的"粮食安全""是指粮食生长周期各阶段存在供应不足风险，根据其发生的可能性程度及其后果的严重程度看，可造成民众生命和健康损害、侵害消费者利益"。可以说，独联体地区的"粮食"与中国的概念基本相同。通常包括小麦、大麦、燕麦、荞麦、黑麦、黍、稻米、玉米、大豆等。通常不包括土豆，土豆一般单独计算。

一　中亚的农业自然环境

中亚是指中亚五国，即哈萨克斯坦、乌兹别克斯坦、土库曼斯坦、吉尔吉斯斯坦和塔吉克斯坦。地理位置大约是东经46°45′28.13″—87°21′47.81″，北纬35°5′2.24″—52°33′30.49″。东西长约3000千米，南北宽约2400千米。从地缘政治看，中亚地区历来是兵家必争之地。因地处内陆，被大国包围，西部隔里海与高加索的阿塞拜疆相望，北部是俄罗斯，东部是中国，南部是阿富汗和伊朗，东南部隔着瓦罕走廊（中阿交界）与南亚的巴基斯坦毗邻。

中亚五国总面积约400万平方千米，人口约6000万，其中约一半面积属于哈萨克斯坦，约一半人口在乌兹别克斯坦。人口密度较大的地区是河中地区（即阿姆河和锡尔河流域之间），特别是锡尔河的费尔干纳盆地。

总体上，2000年以来，中亚地区的环境特点主要有：

第一，气温升高趋势明显，高山融雪加快。相比20世纪，地区内的平均气温增长速度总体上呈加快趋势，致使雪山退化，河流水量增加。但专家预测2030—2050年以后将出现严重干旱（雪山可能大面积消失）。

第二，土壤盐碱化问题较突出。中亚地区远古时代曾经是大海，地壳上升后成为陆地，雪山融雪中的盐分含量也较高，使得灌溉土壤中的盐分较多。防治土壤盐碱化、沙漠化是中亚地区的环保难题。同时，真正可用于粮食种植的耕地面积并大，主要集中在哈萨克斯坦北部（黑土地带）和绿洲地区（依赖灌溉系统）。

第三，跨界河流的水资源分配问题长期困扰中亚国家。上下游之间经常因用水产生纠纷。各国受水资源约束而面临调整种植结构、减少耗水作物生产、节约水资源、改善灌溉系统等压力。

（一）气候

总体来看，山地的森林草原、盆地的平原绿洲、荒漠一起构成中亚五国生态地理基本格局。中亚五国的地势东南高、西北低。地处东南部的帕米尔高原是中亚地势最高的区域（海拔4000—7500米）。中部地区主要是丘陵、山地和盆地相间。西部和北部主要是平原和沙漠。

中亚的北部边缘是广阔平坦的西伯利亚平原，黑土地为主，土壤肥沃。

中亚的西部边缘是里海（世界最大的内陆咸水湖），南北长约1200千米（湖面面积31.7万平方千米，最深处1025米）。

中亚的南部边缘从东到西依次是帕米尔高原、兴都库什山脉、厄尔布鲁士山脉东段，这些高原和山地就像一座巨大屏障，南面将印度洋和波斯湾的暖湿气流阻挡，北面将西伯利亚冷空气阻挡。

中亚的东部边缘自南向北依次是帕米尔高原、天山、阿尔泰山。天山山脉与帕米尔高原相接，横亘于中亚东部，并与中亚东北边界的阿尔泰山相连，构成一道高度巨大的屏障，阻挡来自太平洋和印度洋的湿润气流侵入。

来到中亚地区的水汽主要是由西风携至本地区的、来自遥远的大西洋、地中海和北冰洋。一方面，这些水汽在山区形成丰富的降水（雪），成为中亚五国的水源高地和主要水源补给地区。另一方面，在大气环流和高大山体的共同作用下，中亚五国气候比较干旱，沙漠和戈壁随处可见。

在大山系之间，分布有费尔干纳盆地、伊塞克湖盆地、楚河谷地（又名碎叶河谷地）、阿莱谷地、恰特卡尔谷地、塔拉斯谷地、瓦赫什河谷地和伊犁河谷地，以及阿姆河和锡尔河等河流的尾闾湖沼低地，还有咸海西南面的萨雷卡梅什洼地（盆地）、图兰低地、卡拉库姆沙漠、克孜勒库姆沙漠，还有里海、咸海、巴尔喀什湖、斋桑湖、田吉兹湖、萨瑟科尔湖，以及数以千计的小湖泊。分布在平原盆地海拔200—400米的绿洲与荒漠，主要依赖于山区河流维持生机。

从气象站点的气温资料分析来看，气温变化在评价期1930—2008年总体呈上升趋势，从年代际变化来看，以20世纪80年代为分界点，在此之前增温不甚明显，之后增温趋势显著，这一年代际变化过程与新疆大体一致。按年代际分析，中亚五国20世纪30、50年代均为负距平，较多年平均气温偏低0.5℃—1.2℃，40、60、70年代距平有正有负，80年代均为正距平，较多年平均值偏高0.5℃左右，90年代和2000—2008年处于升温期，90年代比多年平均值偏高0.3℃—1.1℃，2000—2008年年均气温比多年平均值偏高0.6℃—1.8℃，升温幅度较大。总体上，中亚五国气温变化有逐年代升高的趋势，并且从20世纪80年代以来进入持续快速升温期。

1930—2008年，在气温普遍升高的情况下，中亚五国降水在区域分布上亦相应发生变化，但总体变化不大，大多数测站变率不足1mm/a，对当地降水总量影响不大。咸海流域普遍呈增温趋势，尤其是20世纪80年代以来，中亚西部的天山、帕米尔高原迎风坡一带（中亚主要产流区的吉尔吉斯斯坦、塔吉克斯坦）降水普遍呈增加趋势，呈现明显的"增湿"现象，由"干"向"湿"转型迹象明显。而在哈萨克斯坦西部降水呈减少变化，东北部一带变化不大。

（二）降水

总体来看，中亚五国降水和气温在空间分布和时间演变上，既表现出地区整体性，又有其独特性。土库曼斯坦、乌兹别克斯坦、哈萨克斯坦南缘的沙漠地区，是中亚五国最为干旱的地区，也是气温最高、蒸散强烈的地区，夏季炎热，冬季寒冷。塔吉克斯坦和吉尔吉斯斯坦位于青藏高原西侧，受高原动力和热力影响，冬季和春季降水多，气温变化幅度相对较小，冬季较湿冷。哈萨克斯坦大陆性气候特征较为明显，降水西多东少，主要分布在夏季，气温变化幅度较大，西暖东冷。

第一，在山区降水具有明显的垂直带性，降水量随海拔高度的升高而递增。另外，山体的迎风坡降水丰沛，背风坡降水稀少，对比较强烈，成为输送到中亚干旱区的主要水资源。中亚五国深居亚欧大陆腹地，在地球气候系统中属西风气候区。高空西风带从北冰洋和大西洋输送来微弱的湿冷水汽，受境内高大山体拦截（山脉与高原），使气流动力抬升而产生降水。但锋面云在翻越山岭时消失，以至于内天山背风坡、谷地、盆地和峡谷的降水量急骤减少，许多山间盆地和谷地以气候干旱著称。

第二，在内陆平原地区最大特点是水热不同期。最热月平均气温与年降水分布完全相反。夏季高温但降水不足，天气干燥，蒸发量大。另外，受地中海气候影响，中亚五国自西南到东北，冬春季降水量明显大于夏秋季，以夏季最小，并且降水总量自西向东逐渐减少。

第三，中亚地区有独立的水循环系统。中亚五国的河流源自山区，除额尔齐斯河外，没有通向大洋的通道，除被引用发展绿洲农业外，大多潴水于平原河流的尾闾形成湖泊，少量消失于中亚地区是荒漠和盐沼，由此构成一个完整的以流域为单元的内陆水分循环系统。

第四，中亚地区主要产流区在20世纪80年代出现明显的"增温增湿"现象，由"暖干"向"暖湿"转型迹象明显。一方面，气候变化（变暖）造成雪山冰川融化加速，中亚地区水量呈增长状态；另一方面，人类活动加剧，生产和生活耗水量增加，对环境破坏日趋严重，造成局部地区水资源短缺，干旱形势加剧。1930—2008年，中亚地区降水的年际变化并不完全一致，中亚西部的天山、昆仑山系迎风坡一带普遍呈增加趋势，而咸海、里海、巴尔喀什湖以西地区的低山丘陵区呈减少趋势，额尔齐斯河中、上游区域降水无明显趋势变化。从降水年代际变化过程来看，20世纪40年代以前和70年代，中亚地区普遍处于少雨期，而50、60、80年代，在中亚地区主要产流区（天山、昆仑山系迎风坡一带）降水偏丰。

锡尔河流域主要河流水文变化。从纳伦河上游的纳伦站和中游的乌奇库尔甘站以及锡尔河入咸海的卡扎林思克站三个水文观测点的径流变化可以看出，1936—1985年的50年间，纳伦水文站的径流虽有波动，但未出现显著减少趋势，且不存在突变年份。但在1974—1986年，锡尔河连续13年出现断流，这与锡尔河流域（尤其是中、下游）自20世纪60年代开始大规模引水灌溉的时间一致。地处中游的纳伦河支流乌奇库尔甘站径流呈现明显偏少趋势，锡尔河入咸海的卡扎林思克站实测径流呈现快速的下降趋势。这两个站点实测径流量分别在1972年、1971年发生突变。

阿姆河流域主要河流水文变化。从瓦赫什河上的加尔姆水文站、卡菲尔尼干河上的塔尔特基水文站、乌兹别克斯坦靠近西天山山脉附近的卡什卡达里亚河上的奇罗奇水文站、苏尔汉河上的伊姆日丹诺瓦水文站、阿姆河入咸海处的达尔亚水文站五处水文观测点1936—1985年50年的径流变化分析结果可知，阿姆河流域上游主要干支流河流径流量并未减少，甚至略呈增长趋势，也未见突变年份。但阿姆河汇入咸海的达尔亚水文站的入河径流量呈现急剧降低，实测径流量自 1959 年发生突变，其后径流开始快速减少，并在 1982、1983、1985、1986、1989 年出现断流，这与同期阿姆河流域内人类活动强度不断加剧、咸海水面面积快速萎缩过程一致。

表 1　　中亚五国各代表站气温变化趋势线性方程

站点	高程/m	年均气温
阿拉木图	847	$Y = 0.0210X + 8.3320$
阿拉尔斯卡耶海	62	$Y = 0.0317X + 6.5234$
巴尔喀什	350	$Y = 0.0180X + 5.0404$
科克佩克特	512	$Y = 0.0186X + 0.4151$
克孜勒奥尔达	128	$Y = 0.0280X + 8.6075$
潘菲洛夫	645	$Y = 0.0357X + 7.9788$
塞米巴拉金斯克	202	$Y = 0.0231X + 2.6565$
斋桑	603	$Y = 0.0220X + 3.5132$
比什凯克	823	$Y = 0.0262X + 9.5600$
普尔热瓦尔斯卡	1716	$Y = 0.0212X + 5.1616$
德哈夫兹	2561	$Y = 0.0147X + 3.7902$
列尼纳巴德	425	$Y = 0.0148X + 13.7870$
恰尔德若乌	193	$Y = 0.0129X + 14.8280$
基济尔阿尔瓦特	97	$Y = 0.0175X + 15.5040$
萨马尔坎德	726	$Y = 0.0236X + 12.5510$
塔什干	477	$Y = 0.0288X + 12.8580$

资料来源：龙爱华等：《气候变化下新疆及咸海流域河川径流演变及适应性对策分析》，《干旱区地理》2012 年第 5 期。

表 2　中亚主要产流区的吉尔吉斯斯坦和塔吉克斯坦两国代表性
气象站点多年平均降水距平　　　（单位：mm）

年份＼气象站	拜图克	杰尔格塔尔	纳伦	普尔热瓦尔斯克	雷巴奇	霍罗格
1930—1939 年	-4	-7	-9	3	-12	
1940—1949 年	-10	-1	6	-6	4	-4
1950—1959 年	-1	10	20	4	20	24
1960—1969 年	6	6	11	-3	-3	11
1970—1979 年	1	-5	-13	-2	-10	-1
1980—1989 年	5	3	1	5	10	2
1990—1999 年	8	10	4	1	12	
2000—2008 年		9	9		5	

资料来源：龙爱华等：《气候变化下新疆及咸海流域河川径流演变及适应性对策分析》，《干旱区地理》2012 年第 5 期。

表 3　独联体成员国各季节气候变化统计（1976—2012 年）

	冬季		春季		夏季		秋季	
	a	D	a	D	a	D	a	D
白俄罗斯	0.53	6	0.51	18	0.77	45	0.41	17
哈萨克斯坦	-0.03	0	0.63	20	0.22	11	0.53	17
吉尔吉斯斯坦	0.20	2	0.37	12	0.00	0	0.26	11
摩尔多瓦	0.32	3	0.60	24	1.00	68	0.46	24
俄罗斯	0.18	2	0.56	30	0.44	59	0.54	27
塔吉克斯坦	0.16	2	0.34	11	-0.05	0	0.21	12
土库曼斯坦	0.32	4	0.52	25	0.33	29	0.44	21
乌兹别克斯坦	0.16	2	0.61	24	0.22	21	—	
乌克兰	0.37	5	0.47	18	0.80	53	0.49	26

资料来源：Межгосударственный совет по гидрометеорологии СНГ, "Сводное ежегодное сообщение о состоянии и изменении климата на территорияхгосударств-участников СНГ», Москва, 2013 г.

（三）河流

据联合国粮农组织数据，中亚地区（中亚五国、阿富汗）年均降水 273 毫米（相当于 12700 亿立方米），远低于世界平均值 812 毫米。但中亚各地降水分布不平均，从 70 毫米到 2400 毫米，其中土库曼斯坦最干旱，年均降水量约 161 毫米，塔吉克斯坦最丰富，约 691 毫米。

据拯救咸海基金会网站数据，咸海流域的年平均径流量为 1160 亿立方米，其中阿姆河为 794 亿立方米，锡尔河为 366 亿立方米。中亚地区的地表水分布极不平均：处于上游的塔吉克斯坦和吉尔吉斯斯坦两国拥有的地表水资源超过全部的 2/3（分别占 52% 和 25%），而下游的三个国家总和才刚刚接近 1/3。

中亚五国的水资源大体分为七大流域（水系）：

其一，咸海流域，主要有阿姆河、瓦赫什河、锡尔河、纳伦河等，注入咸海。覆盖塔吉克斯坦、乌兹别克斯坦、土库曼斯坦和部分吉尔吉斯斯坦。

其二，伊塞克湖流域，主要有楚河、塔拉斯河等，注入伊塞克湖。在吉尔吉斯斯坦境内。

其三，塔里木河流域，注入塔克拉玛干沙漠。覆盖吉尔吉斯斯坦和中国。

其四，伊犁河流域，注入巴尔喀什湖。

其五，额尔齐斯河流域，在俄罗斯境内汇入鄂毕河，注入北冰洋。主要有额尔齐斯河、伊希姆河、托博尔河等，覆盖中国和哈萨克斯坦。

其六，努拉—萨雷苏河流域，主要有努拉河、萨雷苏河，注入田吉兹湖，位于哈萨克斯坦中部。

其七，乌拉尔河流域，主要有大小乌津河、乌拉尔河等，注入里海，覆盖俄罗斯和哈萨克斯坦。

据联合国粮农组织数据，中亚地区（中亚五国和阿富汗）的水库库容总计1805亿立方米，其中库容10亿立方米以上的水库有16座（总库容1306亿立方米，其中乌兹别克斯坦6座、哈萨克斯坦4座、土库曼斯坦2座、塔吉克斯坦2座、吉尔吉斯斯坦1座、阿富汗1座）。53%的水库在哈萨克斯坦。比如锡尔河的干支流上已建大中型水库数百座，总装机容量超过5500MW，有效库容263亿立方米（最大的是托克托古尔水电站，总库容为195亿立方米，装机容量1200MW）。

当前中亚地区已有引水工程主要有两个。

一是哈萨克斯坦境内的"额尔齐斯河—卡拉干达"运河。1972年建成，全长458千米，设计年调水量22.3亿立方米，苏联解体后，实际引水量逐年降低。

二是土库曼斯坦的卡拉库姆运河。是20世纪80年代建设完成的阿姆河上最大的调水工程，将阿姆河水引至阿什哈巴德市以西，总长1300千米以上，设计年引水量达130亿立方米，调水量约占阿姆河的1/3水量，灌溉面积超过100万平方千米。

目前正在进行的引水工程是土库曼斯坦在卡拉库姆沙漠深处的卡拉绍盆地（Karashor）动工修建的世界最大人工湖，取名"黄金时代湖"（Golden Age Lake）。计划湖面面积2000平方千米、湖深70米，可蓄水量1300亿立方米。工程于2009年7月开工，预计仅蓄水一项便需15年时间，耗资45亿美元。

另外，中亚国家曾探讨的（未实施）大型引水工程主要有两处。

一是哈萨克斯坦东中西部。苏联从20世纪50年代就开展从西伯利亚调水补给咸海的"北水南调"工程研究工作，将额尔齐斯—鄂毕河水注入锡尔河下游，以改善咸海环境及哈萨克斯坦西部缺水状况。

二是哈萨克斯坦西北部的"西水东调",将乌拉尔河水引入乌津河,改善哈西北部缺水状态。这些规划遭到许多俄罗斯学者反对,担心大量引水可能破坏生态系统,导致河流鱼类减少、改变北极地区热平衡、流域土壤退化等。

表4　　　　　　　2014年中亚五国与阿富汗水资源统计

	长期年均降水量（毫米）	境内水量（亿立方米）	境外水量净值（亿立方米）	境内水资源总量（亿立方米）	水资源对外依存度（%）	年人均水资源量（立方米）
阿富汗	327	471.5	181.8	653.3	28.72	2008
哈萨克斯坦	250	643.5	440.6	1084.0	40.64	6150
吉尔吉斯斯坦	533	489.3	－253.1	236.2	1.13	3976
塔吉克斯坦	691	634.6	－415.5	219.1	17.34	2583
土库曼斯坦	161	14.1	233.6	247.7	97.00	4609
乌兹别克斯坦	206	163.4	325.3	488.7	80.07	1635

资料来源:FAO,water resources,Central Asia,http://www.fao.org/nr/water/aquastat/countries_ regions/profile_ segments/asiaC-WR_ eng. stm。

表5　　　1921—1985年中亚国家水资源量统计　　（单位:亿立方米）

	哈萨克斯坦		吉尔吉斯斯坦		塔吉克斯坦		土库曼斯坦		乌兹别克斯坦	
	境内产生	境外流入	境内产生	境外流入	境内产生	境外流入	境内产生	境外流入	境内产生	境外流入
1921年	1000	950	716	697	704	16.6	1030	140.0	1160	
1930年	748	554	492	432	388	13.9	703	87.7	926	
1940年	554	454	409	396	402	10.7	602	82.3	815	
1950年	654	503	466	449	456	10.4	652	70.6	919	
1960年	920	757	568	473	558	10.2	657	132.0	1050	
1970年	797	681	542	499	503	10.4	696	94.6	1030	
1980年	668	454	470	500	511	12.2	650	89.2	1010	
1985年	474	326	469	304	362	2.0	634	94.0	838	

续表

	哈萨克斯坦		吉尔吉斯斯坦	塔吉克斯坦		土库曼斯坦		乌兹别克斯坦	
	境内产生	境外流入	境内产生	境内产生	境外流入	境内产生	境外流入	境内产生	境外流入
平均	684	559	489	472	469	10.7	696	95.2	948
最高	1100	970	716	697	704	16.6	1120	197.0	1420
最低	380	297	373	304	307	2.0	431	498	661

资料来源：База данных по Аральскому морю, Динамика водных ресурсов стран бассейна (по И. Шикломанову), http://www.cawater-info.net/aral/data/dyn_ca.htm。

表6　　　　　　　　　咸海流域年均地表径流量统计

	咸海流域		总计	
	锡尔河	阿姆河	水量（km³）	在流域的占比（%）
哈萨克斯坦	2.516	—	2.516	2.2
吉尔吉斯斯坦	27.542	1.654	29.196	25.2
塔吉克斯坦	1.005	58.732	59.737	51.5
土库曼斯坦	—	1.405	1.405	1.2
乌兹别克斯坦	5.562	6.791	12.353	10.6
阿富汗和伊朗	—	10.814	10.814	9.3
咸海流域	36.625	79.396	116.021	100

资料来源：Поверхностные водные ресурсы бассейна Аральского моря（среднегодовой сток, км³/год），http://www.cawater-info.net/aral/water.htm。

中亚地区河流的特点主要有：

第一，雪冰融水成为河流的主要补给来源，尤其是积雪融水补给比例大。中亚主要河流均源自天山山脉和帕米尔西坡受湿润气流作用的极地型冰雪地域，终年降雪，积雪覆盖大地，同时形成冰川。

第二，主要河流径流的季节性变化明显，但年径流变异系数小，径流量相对稳定。河流有春汛和夏汛，夏汛较大，冬季寒冷漫长，多数河流有结冰期，有凌汛发生。

第三，一般河流上游谷深，落差大，水流湍急，水能资源丰富。中、下游（特别是下游）地势平坦，落差小，流速平缓，多湖泊和湿地发育。

第四，主要河流都为跨境河流。乌拉尔河为俄罗斯与哈萨克斯坦的跨境河，伊犁河为中国和哈萨克斯坦的跨境河，楚河—塔拉斯河是吉尔吉斯斯坦和哈萨克斯坦的跨境河；锡尔河是吉尔吉斯斯坦、乌兹别克斯坦、塔吉克斯坦和哈萨克斯坦四国的跨境河流；阿姆河是吉尔吉斯斯坦、塔吉克斯坦、阿富汗、乌兹别克斯坦和土库曼斯坦的跨境河流；捷詹河是阿富汗、土库曼斯坦和伊朗的跨境河流。

中亚国家间的水资源分配和能源生产紧紧相连。其根源不在于水资源不足，而是上游塔、吉两国的化石能源不足。吉、塔水力资源丰富，但油气、煤炭和铀矿储量不大，且大多位于山区，开发不便。另外，这两个国家并不富裕，缺乏足够的资金从外界购买能源，主要依靠水电（约占塔发电总量的99%，吉发电总量的93%），修建水电站也是迫不得已的选择。而下游国家担心上游水库会控制下游供水量，从而掌控下游国家的生存命脉，因此极力反对上游修建大型水利设施。上游要发展，下游担心被控制，由此形成双方之间无法解决的矛盾。当整个流域遭遇干旱时，问题更加突出。

（四）土壤

受区域性因素影响，中亚地区的土壤呈有规律的分布，代表性的地貌类型有以下几种。

第一，山前洪积—冲积平原。一般由洪积—冲积扇群和古老冲积平原两大部分组成。在山前平原上部的洪积—冲积扇群地段为地表水渗漏带，地下水位很深。洪积—冲积扇上部，靠近山前丘陵，雨量稍多而较湿润（与灰漠土区相比较）。地表生长禾本科植物和蒿属，与之相适应的土壤为棕钙土。洪积—冲积扇中部，植被为温带荒漠类型，土壤未经过水成过程阶段，发育成为地带性土壤—灰漠土。洪积—冲积扇下部，即接近扇缘的部位，地下水位稍高，开始有草甸植被，分布着草甸灰漠土。

扇缘地段，一般称为地下水溢出带，地下水位较高，部分有地下水溢出而形成泉眼或泉水沟。在此扇缘地段的稍高处，生长草甸植被，在微域洼地上，由于地下水位较高，分布着盐化草甸植被、沼泽植被和盐化沼泽植被等，与其相适应的土壤有暗色草甸土、盐化草甸土、盐化沼泽土等。

位于扇缘以下的古老冲积平原，属地下水散失带，随着地下水位的下降，非地带性土壤向地带性土壤发展，形成草甸灰漠土。在古老冲积平原中部，早期脱离了地下水影响，发育着残余盐化灰漠土和碱化灰漠土等。

第二，山间河谷地。由山前平原和有多级阶地的冲积平原组成。在山前平原和冲积平原的交接处，出现地下水溢出带，分布着草甸土和沼泽土。除山前平原的中部和下部分布着灰钙土外，土壤分布规律通常与阶地的发育相一致，而土壤的发育又与不同时期的河流下切和阶地形成相联系。土壤分布自高阶地至河滩地，从高到低的排列顺序是：灰钙土、草甸灰钙土或盐化灰钙土、草甸土或盐化草甸土、草甸沼泽土、沼泽土。此外，在河滩地上的部分地段，还有新积土等。

第三，山间盆地。在山前洪积—冲积扇群上部分布着石膏棕漠土和砾质棕漠土。洪积—冲积扇群的中下部和各小河的高阶地细土物质上，分布着灌耕棕漠土和灌漠土。扇缘带分布着沼泽土、盐化草甸土和盐土等。

第四，冲积平原。下切性河流形成的冲积平原，在狭窄的河滩地和低阶地上分布着草甸土和部分沼泽土，一般未见盐化现象，只在沿河的凸岸部分才有明显的盐化。在第二级阶地上，盐化过程较为强烈，分布着盐土和盐化草甸土，部分地下水位较低，分布着灰漠土和草甸灰漠土。在河间高地或古冲积平原上，地下水位较深，分布着灰漠土、残余盐化灰漠土、碱化灰漠土、龟裂土、风沙土和残余盐土等。

泛滥性河流冲积平原，在河漫滩上分布着新积土或盐化新积土。在河流两侧地下水位2.5—4米的自然堤上，分布着林灌草甸土或盐化林灌草甸土、浅色草甸土或盐化草甸土、盐土或草甸棕漠土等。

河间低地上分布着盐化草甸土、草甸盐土等，部分低洼地上发育着草甸沼泽土、腐殖质沼泽土。有季节性泛滥河水到达的河漫滩上形成了新积土。在地形较高处分布着草甸盐土、盐化草甸土。在古冲积平原上分布着典型盐土、残余盐土、棕漠土、风沙土等。

此外，在泛滥性冲积平原中，河流改道使土壤发生演变。在古河道两岸分布着荒漠化的林灌草甸土和草甸土以及典型盐土、风沙土等。在新河道两侧土壤水分得以补给，形成浅色草甸土和盐化土壤。土壤演变比较迅速而频繁，是荒漠地区泛滥性冲积平原上最突出的特征。

第五，洪积—冲积扇与干三角洲。中亚地区的内陆性河流或小河流出山口以后，形成洪积—冲积扇，在扇缘以下即行散流形成干三角洲，这些散流常消失于干三角洲以下的风沙土区。在洪积—冲积扇群地段地下水位较深的戈壁，分布着灰棕漠土或砾质棕漠土，而在细土母质上发育着灰漠土或棕漠土以及残余盐土。在扇缘带的地下水位较高，与其相适应的土壤有暗色草甸土或浅色草甸土，还有沼泽土、林灌草甸土和盐土等。在干三角洲地段，地下水位又复变深，与其相适应的土壤有草甸灰漠土、残余盐化灰漠土、碱化灰漠土、残余盐土、碱土或草甸棕漠土、残余盐化棕漠土、棕漠土、残余盐土等。

表7　　　　　　　　　中亚五国土壤垂直和水平地带的特征

高山带	主要土壤类型	腐殖层厚度(CM)	A层腐殖质含量(%)	腐殖质组成(C/N)	腐殖酸/富里酸	土地利用的可能性
垂直地带							
山下—山麓半荒漠	淡灰钙土	18—20	1—1.5	6—8	0.6—0.7	1. 灌溉和旱地耕作，以及高效的春、秋季牧场 2. 在水浇地可种植棉花、甜菜、烟草、玉米、苜蓿、蔬菜，发展园艺 3. 在旱地主要是小麦 4. 氮肥和磷肥对灌溉地非常有效 5. 土地和水资源保障适于扩大灌溉面积
	典型灰钙土	25—30	1.5—2.5	7—8	0.7—0.8	
	暗灰钙土	60—70	2.5—3.5	8—9	0.8—0.9	
	深栗钙碳酸盐土	30—40	2—3	7—9	0.9—1.0	
低山草原	山地灰钙土	50—70	2—3	8—9	0.7—0.9	1. 适合非灌溉耕作，畜牧业 2. 东部适合耕作粮食作物 3. 南部可发展园艺 4. 有高效的夏、秋季牧场和割草地，可大面积种植牧草，发展畜牧业
	山地暗栗钙土	40—50	3—5	8—9	1.1	
	山地普通黑钙土	50—70	6—8	8.5—9	1.2	
中高山草甸森林	山地淋溶黑钙土	80—100	10—13	8—10	1.2—1.4	1. 不适合耕作（地形切割严重，生长期短） 2. 可作夏季牧场 3. 地带下部适合发展割草场
	山地褐土	60—100	4—12	9—11	0.8—1.0	
	山地灰森林土	70—80	15—17	11—12	0.9	
	山地暗森林土	35—50	8—12	11	0.7—0.9	
高山草甸亚高山与高山带	山地草甸亚高山土	35—55	11—12	9—14	0.8—0.9	良好的夏、秋季牧场
	山地草甸高山土	55—65	12—18	11—12	0.8—1.0	
	高山草甸草原土	30—50	13—15	8—13	—	

	亚带	主要土壤类型	腐殖层厚度(CM)	A层腐殖质含量(%)	腐殖质组成(C/N)	腐殖酸/富里酸	土地利用的可能性
水平地带								
森林草原	半湿润森林草原	灰色森林脱碱黑钙土	50—60	5—7	12	1.5—2	1. 在稳定非灌溉土壤区，可保证农作物（小麦）有充足的水分，易耕地，无须进行土壤改良，可完全开发。其余土地可用作牧场和草场 2. 在相对稳定非灌溉区，有季节性干旱，大部分区域可保证农作物有充足的水分
	丛状森林草原	草甸黑钙土	50—70 60—70	6—9 8—12	9—11		

续表

水平地带							
	亚带	主要土壤类型	腐殖层厚度（CM）	A层腐殖质含量（%）	腐殖质组成（C/N）	腐殖酸/富里酸	土地利用的可能性
草原	半干旱草原	普通黑钙土	55—65	6—8	8.5—11.5	1.3	1. 土壤含有轻质机械成分及碳酸盐，可免受风蚀，土壤盐碱化程度高，需进行土壤改良，耕地需要施磷肥，干旱期占全年20%
	干旱草原	南黑钙土	40—55	5—6	9—11		2. 在不够稳定的非灌溉土壤牧区，大部分区域不足以保证农作物所需水分，干旱期占全年的30%，需要土壤改良，耕地需施磷肥
	半干旱草原	暗栗钙土	35—45	3.5—4.5	9—10	1.1	3. 在不够稳定的非灌溉土壤牧区，干旱期占全年的40%，大部分区域不足以保证农作物所需水分，土壤干旱，风蚀严重，需要土壤改良，耕地需施磷肥
	干旱草原	典型栗钙土	30—40	3—3.5	8—9	1	4. 在不稳定的非灌溉土壤牧区，干旱期占全年的50%，几乎不能保证农作物所需水分，适合作春季牧场
半荒漠		荒漠草原 淡栗钙土	25—30	2—3	8—9	0—9	高产的牧区，干旱期占全年的75%，不能保证农作物所需水分，农作物（黍、大麦、瓜类）主要生长在西部水分较充足的地区
荒漠	北部荒漠	灰褐色荒漠土	20—25	1—3	7—8	0.8	1. 在秋冬季产草量不足的地区，农作物只能依靠灌溉生长，但土壤不能保证灌溉用水
	中部荒漠	灰褐色龟裂状沙土	10—15	0.7—1	6—7	0.5	2. 在产草量少的牧区，在锡尔河、楚河、伊犁河等河流下游发育着可耕地（主要在龟裂区）。耕地需要施氮肥和磷肥
	南部荒漠		10—25	1—1.2	6.5—7	0.6	3. 在南部荒漠区可种植棉花作物

二　中亚国家的粮食生产

受内陆地理环境限制,中亚国家的粮食种植特点主要有以下几点。

第一,从种植品种看,大体分为两部分。哈萨克斯坦北部属于黑土地带,是主要的谷物产区,每年都有大量剩余出口。哈萨克斯坦南部及以南的中亚地区(哈萨克斯坦南部,以及乌、吉、塔、土四国)主要是绿洲农业和高山牧场,属于瓜果、蔬菜、棉花等经济作物和油料作物主产区,谷物产量不大,主要满足自身消费。

中亚国家基本位于世界粮食主产区。国际公认的全球粮食产区,尤其是谷物,主要位于地球上土壤最肥沃的黑土地带。据联合国粮农组织预计,未来全球农业资源潜力(产量增长)分布大体是:东南亚主要是稻米,独联体主要是小麦和玉米,赤道地区主要是棕榈油,南美洲主要是大豆、玉米和食糖,北美洲主要是谷物和大豆。据经济合作与发展组织(以下简称"经合组织")和联合国粮食及农业组织(以下简称"联合国粮农组织")2012年估计,黑海和里海沿岸的独联体国家未来十年将在全球小麦市场占据重要位置,约占全球小麦出口份额的35%,稳居全球最大出口地区;俄罗斯可能超过美国成为全球第一大小麦出口国。

第二,从作物单产看,受历史上的游牧和农耕文明影响,尽管有农业技术和资金投入,但总体上仍差别较大。哈萨克斯坦的作物单产量相对较低，哈萨克斯坦南部及以南地区相对较高。

第三，从国家粮食安全看，中亚国家均将本国自产农产品市场占有率达到80%作为粮食安全保障线，努力提高本国粮食产量。但受自然条件限制，哈萨克斯坦是出口国，乌兹别克斯坦和土库曼斯坦基本实现自给，收成较好年份还有剩余出口，塔吉克斯坦和吉尔吉斯斯坦仍要依赖进口。

第四，从农业经济角度看，中亚国家一直在粮食安全、环境约束、农业增收这三者间权衡，调整种植结构，在努力保障粮食安全基础上，合理利用土地和水资源，最大限度实现经济效益。

（一）种植面积

从粮食种植面积看，据联合国粮农组织数据，2012—2016年这五年间：

第一，中亚五国年度种植面积变化不大，年均粮食种植总面积为1890万公顷（2.8亿亩），大体相当于中国东北三省的粮食种植面积。其中哈萨克斯坦1493万公顷（2.24亿亩），乌兹别克斯坦165万公顷（2475万亩），土库曼斯坦134万公顷（2010万亩），吉尔吉斯斯坦58万公顷（870万亩），塔吉克斯坦41万公顷（615万亩）。

第二，从粮食种植结构看，中亚各国粮食种植结构相差不大，均以小麦和大麦为主。小麦种植面积约占粮食种植总面积的82%（1546万公顷），大麦种植面积占粮食种植总面积的12%（222万公顷）。其余粮食作物主要是玉米（28万公顷）、稻米（30万公顷）、大豆（约10万公顷），但种植面积不大，主要是为丰富食品营养结构。

第三，小麦是中亚国家最主要的粮食作物。其种植面积占本国粮食种植总面积的比重分别是：哈萨克斯坦82%，吉尔吉斯斯坦54%，塔吉克斯坦74%，乌兹别克斯坦87%，土库曼斯坦87%。

2000年以来，哈萨克斯坦、乌兹别克斯坦和吉尔吉斯斯坦三国的小麦种植面积变化不大，土库曼斯坦增长较多（20%—36%），塔吉克斯坦下降较多（约20%）。土库曼斯坦增加小麦种植面积的主要原因是增加本国产量，减少进口，甚至有剩余出口。塔吉克斯坦减少小麦种植面积的原因主要是扩大经济作物种植面积和产量（利润率更高），增加居民收入。

第四，玉米和大豆在中亚地区的种植面积不大。玉米只有约30万公顷，主要用于青贮饲料，食用玉米比重很小，主要供国内消费。大豆种植面积不足20万公顷，主要产自哈萨克斯坦。

表8　　　　中亚国家2012—2016年粮食种植面积　　（单位：公顷）

		哈萨克斯坦	吉尔吉斯斯坦	塔吉克斯坦	乌兹别克斯坦	土库曼斯坦	5年年均（万公顷）
粮食	5年平均	14930124	583387	407170	1645693	1337788	1890
	2012年	14784092	573286	406573	1610629	1057279	1843
	2013年	15586966	595136	420585	1617286	1321747	1954
	2014年	14590623	595628	394424	1635900	1176934	1839
	2015年	14544644	584652	406030	1651800	1459436	1865
	2016年	15144296	568234	408238	1712850	1673545	1951
小麦	5年平均	12246346	315169	301592	1438854	1158976	1546
	2012年	12410935	322679	303677	1404000	916830	1536
	2013年	12953532	346410	318601	1443672	1146079	1621
	2014年	11923108	339027	292573	1454600	991668	1500
	2015年	11570703	297289	295632	1445700	1263063	1487
	2016年	12373452	270439	297479	1446300	1477239	1586
大麦	5年平均	1862510	161606	74867	102104	17985	222
	2012年	1634011	146965	72855	85300	11499	195
	2013年	1836666	147120	73177	90800	21043	217
	2014年	1909356	155398	73525	92200	21310	225
	2015年	2038447	173933	77174	93000	21599	240
	2016年	1894068	184615	77604	149221	14474	232

续表

		哈萨克斯坦	吉尔吉斯斯坦	塔吉克斯坦	乌兹别克斯坦	土库曼斯坦	5年年均（万公顷）
燕麦	5年平均	198488	1029	2469			
	2012年	165411	872	2396			
	2013年	220544	917	2580			
	2014年	192261	841	2438			
	2015年	204330	1507	2394			
	2016年	209892	1010	2536			
荞麦	5年平均	76597	31				
	2012年	76162	43				
	2013年	81468	26				
	2014年	64481	23				
	2015年	62455	42				
	2016年	98419	20				
黍	5年平均	46507	38	76	865		
	2012年	35444	40	148	700		
	2013年	54229	44	80	750		
	2014年	43139	32	41	900		
	2015年	43903	39	50	1000		
	2016年	55819	36	59	975		
玉米	5年平均	121348	96561	15673	37468	37428	28
	2012年	100320	94856	13914	40829	32020	29
	2013年	107857	91902	14048	33912	40168	31
	2014年	125710	91982	14622	35600	37720	34
	2015年	137737	102348	18950	37300	38822	33
	2016年	135116	101717	16833	39700	38408	31
大豆	5年平均	103181	537	73			
	2012年	84341	96	50			
	2013年	103052	196	63			
	2014年	116374	512	83			
	2015年	106039	850	85			
	2016年	106098	1033	86			

续表

		哈萨克斯坦	吉尔吉斯斯坦	塔吉克斯坦	乌兹别克斯坦	土库曼斯坦	5年年均（万公顷）
稻米	5年平均	94162	8328	12290	62560	123400	30
	2012年	93030	7160	13177	76300	96930	29
	2013年	89429	7904	11719	44900	114457	27
	2014年	95277	8062	11108	48800	126237	29
	2015年	98753	8611	11769	70500	135953	33
	2016年	94319	9904	13678	72300	143423	33
土豆	5年平均	186756	81512	40604	2476387	15108	238
	2012年	188422	81517	41738	2057200	15121	257
	2013年	184198	80506	44380	2250400	14791	277
	2014年	185103	78892	35543	2452400	15041	303
	2015年	189814	84488	39782	2696914	15212	325
	2016年	186242	82155	41577	2925020	15376	280

资料来源：联合国粮农组织在线数据库。

（二）粮食生产与消费

从产量看，据联合国粮农组织数据，2012—2016年这五年间：

第一，中亚五国粮食年产量为3000万—3500万吨（大体相当于一个江苏省），其中哈萨克斯坦1700万—2000万吨（大体相当于一个辽宁省），乌兹别克斯坦约700万—800万吨（其中小麦占90%），吉尔吉斯斯坦150万—180万吨（其中小麦和玉米各约占2/5），塔吉克斯坦120万—150万吨，土库曼斯坦250万—350万吨。

从品种看，中亚主要粮食是小麦，年产量约2300万吨，占中亚粮食总产量的2/3以上。其次是大麦（年均约308万吨，约占粮食总产量的1/10）、玉米（189万吨）、稻米（96万吨）、燕麦（26万吨）、大豆（21万吨）。

第二，从粮食单产量看，总体上乌兹别克斯坦最高（与中国相近），哈萨克斯坦最低（约是中国的1/3）。乌相对高产与其具有悠久农耕历史（定居的绿洲农业）有关，哈相对较低与其气候条件以及化肥使用量不高有关。

从品质看，哈萨克斯坦小麦品质好（基本是筋度高于23%的三等及以上小麦），面粉蛋白质含量高达10.3%。而乌兹别克斯坦受气候条件影响，很多国际知名的小麦品种都不适合种植。其他中亚国家的国产小麦品质较差，通常不适合做高品质面粉，因此每年都需要从哈萨克斯坦等地进口部分优质小麦和面粉。

第三，从库存量看，哈萨克斯坦粮食库存量常年保持在1300万—1400万水平，其中小麦年均库存量超过消费量30%。其他中亚四国的库存消费比均低于30%，吉尔吉斯斯坦和塔吉克斯坦的粮食库存量波动较大（20万—110万吨）。

第四，从消费量看，中亚自身每年消费粮食（面粉折合成原粮计算）2200万—2600万吨，其余400万—1000万吨出口，主要方向是中东地区（约占80%以上）、欧洲和亚洲国家。中亚国家之间的粮食贸易量每年二三百万吨。

在某种程度上，为了维护传统海外客户关系，中亚国家不太可能调整出口重点方向，不会为增加对华出口而轻易减少对中东等地区的出口，对华出口只能在增量基础上作出。

第五，从消费水平看，一方面，随着人口总量增长，粮食食用消费总量持续增加；另一方面，随着居民膳食结构改善，居民饮食结构中的粮食比重逐渐下降（肉禽蛋奶等高蛋白类食品比重上升），年人均粮食食用消费量总体呈下降趋势（其中小麦消费量150—170千克），但均高于世界平均水平，人均每日膳食能量摄入量也略高于世界银行标准。

与发达国家相比，中亚国家的食品支出占居民总消费支出的比重依然较大。粮食和食品价格波动对居民生活水平、消费结构和消费习惯会造成一定影响，加上各国都存在贫富差距问题（基尼系数2012年哈萨克斯坦为0.284，吉尔吉斯斯坦为0.42，塔吉克斯坦为0.31，乌兹别克斯坦为0.37），两种因素叠加，使得粮食和食品的价格问题比较敏感，处理不当可能直接影响社会稳定。另外，近年来，粮价已不单纯反映商品价格，还反映一种金融产品的价格。通过金融杠杆，借助期货市场和金融衍生产品，国际资本巨鳄可将小幅或局部的粮价波动放大成剧烈和全面的涨跌，加大各国财政调整难度和补贴压力。

表9　中国、俄罗斯、阿富汗及中亚国家的饥饿指数对比

年份 国别	饥饿指数（GHI）			
	1995	2000	2008	2017
中国	10.4	15.8	11.2	7.5
俄罗斯	<5	10.5	6.8	6.2
哈萨克斯坦	<5	11.3	10.9	5.8
吉尔吉斯斯坦	9.3	19.7	13.4	9.3
乌兹别克斯坦	8.3	23.8	16.1	13.1
塔吉克斯坦	21.2	41.8	32.6	28.7
土库曼斯坦	10.3	21.9	16.5	12.2
阿富汗	—	52.7	37.9	33.3

资料来源：IFPRI：2018 Global Hunger Index，https：//www.ifpri.org/publication/2018-global-food-policy-report。

表10　中国与中亚国家的农业产出效率对比

年份 国别	土地产出效率（美元/公顷）				劳动效率（美元/人）				产出增长率（%）		
	1990	2000	2010	2014	1990	2000	2010	2014	1991—2000	2001—2010	2011—2014
中国	433	691	970	1058	582	1053	1922	2593	5.2	3.5	2.4
哈萨克斯坦	52	26	36	42	6803	2905	3361	5679	-7.2	3.1	4.2
吉尔吉斯斯坦	152	161	177	184	2786	1841	2692	2665	0.8	0.9	0.7
乌兹别克斯坦	259	254	431	534	2351	2248	3683	4046	-0.5	5.0	5.4

续表

年份 国别	土地产出效率（美元/公顷）				劳动效率（美元/人）				产出增长率（%）		
	1990	2000	2010	2014	1990	2000	2010	2014	1991—2000	2001—2010	2011—2014
塔吉克斯坦	313	173	320	402	1687	697	1035	1250	-5.8	6.6	5.6
土库曼斯坦	40	54	81	85	2663	2107	2477	2435	1.1	3.6	1.1

资料来源：The International Food Policy Research Institute (IFPRI), *Food Policy Indicators: Tracking Change*, Agricultural Total Factor Productivity (TFP)。

表11　　　　　　中亚国家2012—2016年粮食产量　　　　　（单位：吨）

		哈萨克斯坦	吉尔吉斯斯坦	塔吉克斯坦	乌兹别克斯坦	土库曼斯坦	2012—2016年年均（万吨）
小麦	5年平均	13102354	659753	888350	6863063	1401200	2291
	2012年	9841128	540531	812588	6612200	1200000	1901
	2013年	13940809	819383	947350	6841977	1600000	2415
	2014年	12996865	572734	868368	6955976	1200000	2259
	2015年	13747587	704601	896362	6964664	1406000	2372
	2016年	14985379	661514	917081	6940500	1600000	2510
大麦	5年平均	2469638	301042	123993	161687	25228	308
	2012年	1490696	212745	102359	141416	16142	196
	2013年	2539034	309926	123978	135791	30000	314
	2014年	2411817	197084	113430	139587	30000	289
	2015年	2675375	370191	138240	151642	30000	337
	2016年	3231268	415266	141957	240000	20000	405
燕麦	5年平均	251418	2207	2704			26
	2012年	147157	1533	2518			15
	2013年	304798	2000	3034			31
	2014年	225989	1201	1782			23
	2015年	243770	4096	2922			25
	2016年	335375	2204	3265			34

续表

		哈萨克斯坦	吉尔吉斯斯坦	塔吉克斯坦	乌兹别克斯坦	土库曼斯坦	2012—2016年年均（万吨）
荞麦	5年平均	62634	48				6
	2012年	48042	61				5
	2013年	83565	25				8
	2014年	46530	22				5
	2015年	45412	74				5
	2016年	89619	56				9
黍	5年平均	40033	73	87	6083		5
	2012年	22626	71	43	5173		3
	2013年	54453	69	50	6000		6
	2014年	27251	63	164	6200		3
	2015年	34674	82	97	6400		4
	2016年	61161	81	82	6642		7
玉米	5年平均	650028	598662	190608	402815	50200	189
	2012年	520430	578294	174857	328090	48000	165
	2013年	569262	568186	175357	360112	52000	172
	2014年	663994	556142	194194	411630	50000	188
	2015年	734093	641944	200519	439551	51000	207
	2016年	762360	648744	208113	474693	50000	214
大豆	5年平均	208496	645				21
	2012年	169764	166				17
	2013年	203286	157				20
	2014年	217906	605				22
	2015年	220354	1056				22
	2016年	231168	1240				23
稻米	5年平均	388446	28715	84527	331956	130200	96
	2012年	350831	23069	82378	325718	129000	91
	2013年	344305	27220	78039	340219	132000	92
	2014年	377041	28230	79933	356097	130000	97
	2015年	422225	30208	85807	425745	130000	109
	2016年	447830	34847	96476	212000	130000	92

续表

		哈萨克斯坦	吉尔吉斯斯坦	塔吉克斯坦	乌兹别克斯坦	土库曼斯坦	2012—2016年年均（万吨）
土豆	5年平均	3389462	1354032	949202	2476387	293829	4231
	2012年	3126437	1312699	991044	2057200	258715	775
	2013年	3343594	1332020	1115696	2250400	291547	833
	2014年	3410536	1320700	853738	2452400	296102	833
	2015年	3521048	1416370	887418	2696914	306295	883
	2016年	3545695	1388369	898116	2925020	316488	907

资料来源：联合国粮农组织在线数据库。

表12　　中亚国家2012—2016年粮食单位产量（单位：百千克/公顷）

		哈萨克斯坦	吉尔吉斯斯坦	塔吉克斯坦	乌兹别克斯坦	土库曼斯坦
小麦	5年平均	1072	2109	2946	4769	1222
	2012年	793	1675	2676	4710	1309
	2013年	1076	2365	2974	4739	1396
	2014年	1090	1689	2968	4782	1210
	2015年	1188	2370	3032	4818	1113
	2016年	1211	2446	3083	4799	1083
大麦	5年平均	1315	1840	1653	1581	1402
	2012年	912	1448	1405	1658	1404
	2013年	1382	2107	1694	1496	1426
	2014年	1263	1268	1543	1514	1408
	2015年	1313	2128	1791	1631	1389
	2016年	1706	2249	1829	1608	1382
燕麦	5年平均	1248	2054	1093		
	2012年	890	1758	1051		
	2013年	1382	2181	1176		
	2014年	1175	1428	731		
	2015年	1193	2718	1221		
	2016年	1598	2182	1287		

续表

		哈萨克斯坦	吉尔吉斯斯坦	塔吉克斯坦	乌兹别克斯坦	土库曼斯坦
荞麦	5年平均	803	1583			
	2012年	631	1419			
	2013年	1026	962			
	2014年	722	957			
	2015年	727	1762			
	2016年	911	2815			
黍	5年平均	832	1934	1650	7098	
	2012年	638	1775	293	7390	
	2013年	1004	1568	625	8000	
	2014年	632	1969	4000	6889	
	2015年	790	2103	1938	6400	
	2016年	1096	2256	1395	6812	
玉米	5年平均	5344	6195	12255	10792	1347
	2012年	5188	6097	12567	8036	1499
	2013年	5278	6183	12483	10619	1295
	2014年	5282	6046	13281	11563	1326
	2015年	5330	6272	10582	11784	1314
	2016年	5642	6378	12363	11957	1302
大豆	5年平均	2023	1231	329		
	2012年	2013	1729	400		
	2013年	1973	801	327		
	2014年	1873	1182	285		
	2015年	2078	1243	309		
	2016年	2179	1200	323		
稻米	5年平均	4120	3439	6890	5623	1075
	2012年	3771	3222	6252	4269	1331
	2013年	3850	3444	6659	7577	1153
	2014年	3957	3502	7196	7297	1030
	2015年	4276	3508	7291	6039	956
	2016年	4748	3519	7053	2932	906

续表

		哈萨克斯坦	吉尔吉斯斯坦	塔吉克斯坦	乌兹别克斯坦	土库曼斯坦
土豆	5年平均	18152	16611	23362	30908	19445
	2012年	16593	16103	23744	27033	17110
	2013年	18152	16546	25140	28741	19711
	2014年	18425	16741	24020	30541	19687
	2015年	18550	16764	22307	33461	20135
	2016年	19038	16899	21601	34763	20583

资料来源：联合国粮农组织在线数据库。

三　中亚国家的农业国际合作

当前，粮食安全国际合作的主要内容和形式主要涉及粮食援助、能力建设、农业直接投资、共同粮食市场建设等多个领域。

第一，粮食援助。是基于对全球贫困国家和地区以及贫困和饥饿人口的人道主义援助，旨在改善或解决受援国的基本口粮供应问题，包括免费和优惠两种形式，提供粮食实物或用于购买粮食的资金。

第二，能力建设。主要是发展和提高农业生产能力，实现生产和生活的发展。通常涵盖经济社会发展各个方面，如技术研发和推广、人力资源培训、风险应对与管理、乡村建设与治理、基础设施建设、金融信贷支持、市场和信息预警机制、改善粮食仓储、发挥小农户家庭和妇女的作用等。

第三，农业直接投资。即粮食需求大国和进口大国直接开发海外农业。大体分为两种形式：一是直接的农产品进出口贸易；二是农业企业"走出去"，又称为"开发性进口"，即在海外建立稳定的农产品生产基地，比如通过租赁或购买国外耕地，从事农业生产并将产品返销国内；通过签订长期供应合同等方式直接从国外农户手中购买农产品；通过收购国外的农产品龙头企业，直接获取农产品；通过收购仓储、运输等物流系统，间接控制农产品的产销等。

第四，共同粮食市场建设。旨在降低市场流通成本、调剂有无、减少风险。比如改善和改革国际粮食贸易规则与秩序（消除贸易歧视政策,消除可能造成贸易扭曲的补贴机制等)、建立高效灵活的跨区粮食运输体系(如降低过路收费、缩短过境时间等)。

(一) 中国与中亚国家的农业合作项目

中国与中亚国家的农业合作主要有政策、贸易、科技、产业示范合作等多个方面。

第一,在政策方面,中国与中亚五国均签署了多项双边农业合作谅解备忘录(协议),内容涉及农业科技、动植物检疫、病虫害防治、农业生产与贸易等多个领域,有效地推动了双边农业合作。还与塔吉克斯坦、乌兹别克斯坦和哈萨克斯坦建立了双边农业工作组,定期召开工作组会议。

表 13 中华人民共和国农业部与中亚国家双边农业合作协议
(协定、谅解备忘录) 情况

国别	机制名称	签署时间
哈萨克斯坦	中哈关于防治蝗虫及其他农作物病虫害合作的协议	2002 年 12 月
	中哈关于动植物检疫合作协定	2004 年 5 月
	中哈农业合作谅解备忘录	2009 年 4 月
吉尔吉斯斯坦	中吉农业合作谅解备忘录	2006 年 6 月
	中华人民共和国政府和吉尔吉斯共和国政府关于动物检疫及动物卫生的合作协定	2007 年 8 月
	中华人民共和国农业部与吉尔吉斯共和国农业与土壤改良部 2013—2014 年农业合作交流计划	2012 年 9 月
乌兹别克斯坦	中华人民共和国农业部和乌兹别克斯坦共和国农业部合作协议	1992 年 3 月
	中乌农业合作谅解备忘录	2009 年 6 月
	中华人民共和国政府和乌兹别克斯坦共和国政府关于植物保护和检疫的合作协定、中华人民共和国政府和乌兹别克斯坦共和国政府关于动物卫生领域的合作协定	2012 年 6 月
	中乌 2014—2015 年农业合作计划	2013 年 12 月

续表

国别	机制名称	签署时间
塔吉克斯坦	中塔两国农业合作谅解备忘录	2011年8月
土库曼斯坦	中华人民共和国农业部与土库曼斯坦农业部农业合作谅解备忘录	2014年5月12日

第二，在农产品贸易方面，中国与中亚国家的农产品贸易符合双方比较优势，其中，从中亚国家进口主要是棉花、干鲜果品以及皮、丝、毛等畜牧产品；向中亚国家出口主要是时令或反季节的蔬菜、水果、花卉等鲜活农产品和食品。市场需求扩大是推动中国农产品出口中亚的主要因素。向中亚出口的大宗农产品、蔬菜和林果等几乎全部集中在哈萨克斯坦和吉尔吉斯斯坦两国，分别占上述农产品出口中亚总额的80%以上、90%以上和90%以上。畜产品出口主要集中在吉尔吉斯斯坦，比重占90%以上。

在农业机械方面，中国在小型农机、小型加工设备等方面水平较高，对中亚出口较多。比如新疆新联科技有限责任公司作为中国收获机械总公司在新疆的主要生产和销售基地，曾向乌兹别克斯坦、哈萨克斯坦等销售小麦收割机、捆草机等农机设备。中国一拖集团于2009年在哈萨克斯坦阿拉木图成立组装厂，在中亚生产全套农业机械，组装"AR-LAN-YTO"牌拖拉机以及配套农具。2011年由吉尔吉斯斯坦农业银行以银行资产作抵押，中国国家开发银行提供融资贷款定向购买"东方红"牌拖拉机，再由吉农业银行通过融资租赁方式销售给当地农民。另外，四川省吉峰农机连锁股份有限公司计划与塔吉克斯坦国有农机经销企业"马达特"公司合作，在中亚地区销售农机。

第三，在农业科技方面，中国与中亚国家的农业科技合作涵盖种植、养殖、农资、农产品加工业、农业技术等诸多领域，如种子交流、高产栽培技术、食用菌高产栽培技术、畜牧高效养殖技术、植物保护技术、节水灌溉、土壤改良、农业机械应用与推广、资源管理与规划等。在农业生产技术方面，新疆的节水灌溉（如地膜覆盖技术和膜下滴灌技术等）、设施农业、优质品种的培育与推广、科学种植、病虫害防治等方面具有优势，中亚国家在品种资源的收集和保管、棉花生理生化、遗传育种、灌溉制度等方面具有优势。

双方具体合作项目很多，比如中国农业科学院下属的微生物所同哈萨克斯坦科学院微生物及病毒学研究所交换生物农药，粮食所从哈萨克斯坦引进小麦品种资源，植保所从乌兹别克斯坦引进赤眼蜂和茧蜂等蜂种；新疆畜牧科学院与哈萨克斯坦共同开展荒漠半荒漠区无灌溉条件下建立人工草地及管理模式技术、干旱区优质牧草种子选育和推广利用、共建"中国新疆—哈萨克斯坦畜牧研究中心"、羊毛羊绒生产质量控制技术体系、动物胚胎移植技术示范推广等项目合作。

第四，在农业产业示范合作方面，主要是通过租赁土地或企业，与中亚国家一起从事农业种植、养殖和农产品加工合作，既为中亚国家带去先进技术和设备，又丰富其市场供应，增加其就业。主要项目有以下几种。

①新疆轻工国际投资有限公司1997年在阿拉木图投资326万美元成立"新康番茄制品厂"。2000年年初建成并开始投入生产，现已拥有四大类、50多种产品的全套生产线，年产番茄制品5000吨，在哈市场占有率近1/4。

②新疆野马国际集团在哈萨克斯坦东哈州租赁76.7平方千米的土地49年使用权，用于造纸原料芦苇的采割和农业开发利用，进行芦苇生产、纸浆加工等。

③新疆屯河集团股份公司依托林果业资源开发管理优势，在吉尔吉斯斯坦贾拉拉巴德州投资建设野苹果浓缩汁加工厂。

④山东大成集团2002年兼并吉尔吉斯斯坦托克玛克市一个大型禽业养殖场，投资成立"楚河禽业有限公司"，发展成禽类

养殖基地和肉鸡供应商。

⑤黑龙江宝泉岭农垦太非华援农业开发有限公司与哈萨克斯坦库鲁斯泰有限公司在哈萨克斯坦阿拉木图州建设"农业高新技术综合开发园区",是集种植、养殖、示范、实验、科研、教育、培训、推广、服务为一体的综合园区,是从生产、加工到包装、销售的闭合运营产业链。双方于 2010 年 8 月 27 日签订合作协议书等法律文件。根据协议,园区规划核心区 100 公顷,示范区 1000 公顷,辐射区 1 万公顷,分为农业园、养殖园、技术服务中心、科研教学实习基地四类功能区。中方负责提供种植和养殖相关技术和技术人员,以及整个园区的规划设计,哈方负责提供土地、机械、建材、资金、办理园区有关文件及手续。

⑥中国科学院新疆生地所与塔吉克斯坦科学院动物研究所于 2013 年 5 月启动"中塔棉花有害生物综合治理及示范"项目。计划利用 3 年时间,中方将新疆较完善的棉花种植技术和有害生物防治技术输入塔吉克斯坦,帮助塔建立 10—12 个虫害监测站,基本建成棉花有害生物预警及防控平台,同时大力推广生物防治和物理防治技术,在塔吉克斯坦建立一套完整的棉花有害生物综合技术体系,并在塔国建设示范区,培训科技人员,扩大应用范围,为塔棉花增产提供技术支持。由于农业技术、生产管理、机械化水平和病虫害防治能力等原因,塔皮棉亩产量约 60 千克,而新疆皮棉亩产量为 120—150 千克。

⑦吉尔吉斯斯坦"亚洲之星"农业产业合作区。是一家规模化养殖加工企业,禽蛋制品是核心业务。2011 年河南贵友开始投资开发位于吉尔吉斯斯坦北部楚河州伊斯克拉镇的废弃企业园,建立了"亚洲之星"农业产业合作区,发展种植、养殖、屠宰加工、食品深加工等产业,分三期进行规划建设。

⑧中泰新丝路农业纺织产业园。是新疆中泰集团在塔吉克斯坦的投资项目,主要从事棉花种植和加工。总投资为 13.9 亿

元人民币，项目包括20万亩棉花农业园、900亩纺织工业用地，项目全部建成后可实现年产籽棉8万吨、皮棉3.2万吨、棉纱2.4万吨、棉布9150万米。首期15万亩棉花2015年播种，纺纱项目2016年全面建成投产。塔政府给予企业12年免税以及优惠工业农业用电等政策支持。

⑨中塔农业产业加工园。由河南经研银海种业有限公司在塔南部的哈特隆州租赁5170公顷土地，租期49年，建立农业科技示范园区，主要经营粮食蔬菜种植和加工。园区包括种子加工厂、化肥厂、面粉厂、食用油脂加工厂、大型冷藏库等，系集农业种植、种业研发、畜牧养殖和农产品加工、出口贸易、仓储、冷链物流为一体的现代产业体系。

（二）国际组织

联合国粮农组织（FAO）、世界粮食计划署（WFP）、联合国开发计划署（UNDP）、国际农业发展基金（IFAD）、世界银行等国际组织，在中亚地区构成一个综合性的农业合作体系，各项目相互结合，各有侧重，共同推动地区农业发展和保障粮食安全。

世界银行与中亚国家的农业合作项目主要有两个："农业经济竞争力中心"（Agribusiness Competitiveness Center）是世界银行、日本政府和吉尔吉斯斯坦政府于2005年发起成立的非政府组织，旨在发展农业市场、分析农产品市场竞争行情、帮助农户贷款等。该机构目前正与联合国开发计划署合作执行"减贫计划"。"粮价危机时期的俄联邦快速反应信托基金"是世界银行根据"全球粮食危机应急反应计划"倡议，2009年与俄罗斯共同出资1500万美元成立的非政府组织，旨在向最贫穷的独联体成员提供粮食安全帮助，最终选定吉尔吉斯斯坦和塔吉克斯坦为援助对象。比如2010年4月世界银行和联合国粮农组织在塔吉克斯坦实施"粮食安全和种子进口紧急援助计划",旨在帮助塔吉克斯坦的困难农户(约 5.5 万户)解决种子不足、粮食产量低、牲畜损失率高等难题。同期还在吉尔吉斯斯坦实施"提高农业生产效率计划",旨在降低粮价波动对贫困家庭的影响、提高农业生产效率,增加农产品市场供应等。

联合国粮农组织在中亚地区的农业合作内容主要包括:①加强和改善对农业、林业和渔业的生产投入;②农村扶贫;③建设更具包容性和更有效率的地区和国家层面的农业和粮食系统;④增强应对危机和威胁的能力,发展集约化和可持续的种植业和畜牧业;⑤渔业和水产资源、林业资源的可持续管理;⑥土壤、水、遗传资源的可持续管理;⑦应对全球气候变化;⑧促进公私层面对农村和农业的投入等。这些合作以技术合作为主要形式,由联合国粮农组织提供支持资金,旨在提高受援国的农业综合生产能力。

世界粮食计划署同中亚国家的农业合作集中在吉尔吉斯斯坦和塔吉克斯坦两国。在吉尔吉斯斯坦的工作有三大重点,即防治粮食严重短缺社会的饥饿问题、提高社区粮食安全、支持政府更加有效地监测和解决粮食不安全问题。

2011 年,世界粮食计划署在吉发起"持久的救灾行动计划"(PRRO),主要内容有:①季节性粮食帮助和弱势群体粮食帮助计划,即在冬季和粮食歉收年份的春季向农村缺粮家庭和弱势家庭提供口粮;②食物换资产计划(FFA)和食物换培训计划(FFT),即"以工代赈",向弱势家庭提供临时就业机会,并以粮食作为报酬;③改善粮食安全监测系统,提高政府应对粮食安全危机的能力。在塔吉克斯坦工作有两大重点,即改善家庭粮食安全、促进人力资本投资。具体合作项目主要有:①校餐计划,向农村适龄儿童提供免费营养热餐,鼓励儿童入学;②营养不良儿童、怀孕及哺乳期妇女、结核病人专项帮助计划;③食品换工作计划;④弱势群体粮食援助计划,向极端贫穷家庭提供2—3个月口粮（面粉、植物油、食盐和豆类等）；⑤受灾时的紧急粮食援助。

国际农业发展基金会同中亚国家的农业合作主要在吉尔吉斯斯坦和塔吉克斯坦两国，主要涉及改善自然资源管理、推进牧民对自然资源的参与式管理、发展农村小额信贷、支持土地私有化改革，确保土地所有权、加强农民对基层社区的参与式管理等。具体项目主要有两个：一是畜牧业和牧场发展计划；二是农业投资和服务计划，用于农村基础设施、农业服务系统和兽医服务系统建设等。

联合国开发计划署同中亚国家的农业合作主要涉及扶贫、农业发展援助、环境可持续发展、良好治理等。比如同哈萨克斯坦的保护湿地计划、发展渔业、改善生态环境等项目；同吉尔吉斯斯坦的加强政府应对农村灾害的能力建设项目等。

亚行在中亚地区的农业项目内容和形式以双边为主，主要涉及男女性别平等、能力建设、农业生产基础设施、土地等农村基本制度、环境、乡村建设、鼓励私人部门发展等问题，旨在恢复农业生产力，加强包容性增长，让所有社会成员都能够享有获取社会发展成果的机会，促进社会成员参与式发展。

表14　　亚行与中亚国家的农业合作项目（已执行完毕）

哈萨克斯坦	项目形式	项目主题
农场再建设发展计划（投资贷款）	贷款	性别平等
农场再建设发展计划（政策贷款）	贷款	性别平等
水资源管理和土地改进计划	技术援助	经济发展/环境
可持续土地利用的环境监测和信息管理系统	技术援助	能力建设/环境/良好治理
地区农村发展计划	技术援助	能力建设/环境/良好治理
蝗虫灾害可持续管理技术和制度发展计划	技术援助	经济发展/环境/性别平等

续表

哈萨克斯坦	项目形式	项目主题
推进农业改革和发展计划	技术援助	农业和乡村发展
蝗虫灾害管理计划	技术援助	性别平等
加强环境管理计划	技术援助	性别平等
吉尔吉斯斯坦	项目形式	项目主题
南部农业地区发展计划	贷款	经济增长/环境
南部农业地区发展计划	贷款	经济增长/环境/性别平等
土地改良准备计划	技术援助	经济增长/环境
土地改革对农业、扶贫和环境的影响研究	技术援助	经济增长
农村生活水平提高计划	技术援助	经济增长/环境
农业地区发展计划	技术援助	经济增长
农业发展策略制定	技术援助	经济增长
灌溉价格系统和成本回收机制研究	技术援助	经济增长
环境监测和管理能力建设Ⅱ	技术援助	性别平等
农业水利部能力建设	技术援助	性别平等
农业地区发展	技术援助	经济增长/性别平等
农业水利部能力建设	技术援助	性别平等
农业地区发展	技术援助	性别平等
塔吉克斯坦	项目形式	项目主题
社区参与式洪涝灾害管理	拨款	经济增长/环境/社会发展
农村发展	拨款	经济增长/环境
哈特隆州洪涝灾害管理准备	贷款	经济增长/环境/社会发展
哈特隆州洪涝灾害管理	技术援助	经济增长/环境
农村发展	技术援助	经济增长/环境/性别平等
巴依巴扎（Байпаза）地区山体滑坡紧急安置	贷款	
棉花行业可持续发展计划	贷款	能力建设/经济增长/私人部门发展
棉花行业重建项目	技术援助	经济增长/良好治理

续表

塔吉克斯坦	项目形式	项目主题
农场分析和债务解决的提高认识	技术援助	经济增长/良好治理/私人部门发展
政策改革和改善农村饮用水管理监测支持	技术援助	经济增长
灌溉修复工程	贷款	经济增长/环境
环境改善战略计划和政策的制度支持	技术援助	环境
水资源管理和恢复	技术援助	经济增长/环境
农村债务解决和政策改革	技术援助	环境
农业恢复工程	贷款	经济增长/环境/社会发展
环境评估和监测能力建设	技术援助	性别平等
农业恢复工程	技术援助	经济增长/环境/社会发展
提高洪涝灾害管理支持项目	技术援助	性别平等
洪涝灾害管理和培训	技术援助	性别平等
农业行业评估项目	技术援助	性别平等
乌兹别克斯坦	项目形式	项目主题
水资源管理	技术援助	能力建设/经济发展/环境/社会发展
阿姆—布哈拉灌溉系统修复	技术援助	能力建设/经济发展/环境/社会发展
水资源管理	贷款	能力建设/经济发展/环境
水资源管理	技术援助	能力建设/经济发展/环境
土地改良	技术援助	能力建设/经济发展
阿姆赞格灌溉系统修复	贷款	经济发展
私人农场和私营农工企业的市场基础设施发展计划	技术援助	经济发展/私人部门发展
土地改良计划	技术援助	能力建设/环境/社会发展
农业评估和计划	技术援助	经济发展
土地资源管理和土地所有权登记计划	技术援助	环境
谷物市场改革	技术援助	私人行业发展
提高谷物生产力计划	贷款	经济发展/私人行业发展
阿姆赞格地区水资源管理计划	技术援助	能力建设/环境/私人部门发展
可持续农业发展制度支持	技术援助	能力建设/环境/性别平等

续表

乌兹别克斯坦	项目形式	项目主题
塔什干州阿克阿尔金地区农业发展计划	贷款	能力建设/环境
提高谷物生产力计划	技术援助	经济发展
水资源管理	贷款	经济发展

（三）美国、欧盟与中亚国家的农业合作

农业是美西方与中亚国家的合作领域之一。通过提供技术援助和项目援助，借助完善立法和标准、制定规划等形式，欧美将其理念、制度、标准、优势项目等推广至中亚地区，既维护其形象和影响力，又对其他国家在一定程度上形成事实上的合作壁垒。

美西方与中亚国家的援助合作方式主要有以下几种。

第一，以财团形式提供项目资金。即项目发起人或协调人先发布项目信息，再寻找合作伙伴，融资筹集项目资金。几乎每个项目都是诸多资助方的合作成果。联合国开发计划署、联合国环境署、全球环境基金、世界银行、亚洲开发银行、欧洲复兴开发银行等国际组织经常与各国援助机构相结合，提供资金支持。

第二，提供技术援助。针对每一个具体项目，西方的合作重点在于项目的建设过程，而不仅是项目投产后的效果。大部分项目资金用于技术援助，而不是设备设施的购买和工程建设，旨在发挥示范效应，传授规划、建设、运营和管理方面的技术、经验、模式等。

第三，常年坚持。即与中亚国家的合作内容基本上长期不变，使得各项目有连续性，累积效果显著，工作模式的示范效应凸显。

从实践效果看，西方通过援助合作，将自己的理念、标准

等渗透至中亚国家，通常采取的方式有以下几种。

第一，利用在全球话语和国际组织中的主导权，解释和运用国际法规则。对项目和规划进行可行性评估。比如支持世界银行对塔吉克斯坦的罗贡水电站作出"可行"的肯定结论、支持哈萨克斯坦依照《赫尔辛基公约》开展跨界河流水量分配谈判等。

第二，引导合作对象国的国家战略规划。通过对国家和行业发展战略、项目规划、标准和标识的制定和认定等活动的技术援助，借助资金支持、学习考察、意见咨询、理论指导等渠道方式，将对西方有利的项目列入发展战略规划，让西方企业在未来招投标中占尽先机。比如哈萨克斯坦的《工业创新纲要》和《2020年前水资源战略》、乌兹别克斯坦的《可再生能源发展战略》等。

第三，帮助修改完善有关法律。将西方的制度、理念、标准等写入法律法规，以法律的形式贯彻落实，对其他国家开展合作形成一定的"壁垒"。比如"绿色"农产品标准等。

第四，人员培养。提高合作对象国政府、社会组织、企业和民众等对西方的好感，在干部任用、选择项目合作对象等方面产生心理影响。经验表明，在哪受过培训，就会对哪产生亲近感。

第五，利用非政府组织干扰其他国家的合作项目。比如通过环保组织在媒体宣传项目污染等生态后果，造成民众反感或恐慌，给政府施加压力，阻止项目通过或实施。比如批评中国企业在吉尔吉斯斯坦采矿造成河流污染、在哈萨克斯坦种植农作物大量使用化肥农药破坏土壤等。

美国与中亚国家的农业合作目的主要是减少饥饿、降低贫困、促进发展，合作内容基本上围绕粮食安全，合作形式以美国援助和双边项目为主，农产品贸易主要是向中亚国家出口禽肉等畜牧产品。其中：

同哈萨克斯坦的农业合作与援助项目主要有"提高乳品生产能力计划",接收哈国奶农到美国学习养殖和挤奶设备使用等技术,全面提高哈乳业生产能力。

同吉尔吉斯斯坦的农业合作与援助项目主要涉及信贷支持和技术培训:一是美国国际开发署同吉政府联合组建"经济发展基金"(Economic Development Fund),支持农户发展农业,如采购本地种子分配给农户、向采用特定种子的农户提供相关农业机械、收购养殖户的活禽活畜等农产品、向养殖户提供专项技术援助等。二是推广农业技术。如帮助农民使用改良升级后的新型种子、帮助农民学习掌握科学畜牧养殖技术等。

同塔吉克斯坦的农业合作与援助项目主要涉及鼓励农业发展和改善营养状况:一是提供专项扶贫援助和小额信贷。如在哈特隆地区支持农户利用小额信贷建立绿色种植大棚、发展棉花经济等。二是改善饮食安全和卫生条件。如帮助家庭改善环境卫生和个人卫生习惯,帮助社区建立安全饮水系统,减少水源性疾病等。三是水资源管理。如支持社区组建用水协会、提高灌溉效率、对水资源利用情况实施动态监测等。四是提高气象服务水平和能力。五是技术和法律培训。如向妇女传授腌制食品技术、对农村居民宣讲土地使用权、提供土地权益法律援助服务,帮助解决土地纠纷等。

同乌兹别克斯坦的农业合作与援助项目主要是技术培训和推广,如培训植物病虫防治、种植和养殖技术、园艺、冷库管理、水果和蔬菜烘干技术、收获后管理技术等方面的专业技术人员。技术推广内容有新型种子、新型农业生产技术、冷链设施和技术等。

美国国际援助署在中亚的农业援助主要是粮食和农业技术援助,帮助低收入贫困群体,主要项目有:

第一,"为了和平的粮食援助"(Food for Peace),主要援助地区是哈萨克斯坦塔拉兹、吉尔吉斯斯坦的比什凯克、纳伦州、伊塞克湖州、楚河州、贾拉拉巴德州、奥什州和巴特肯州。主要援助方式是向中小农业企业和农户提供种子、农业机械、畜牧良种和养殖技术等。

第二，"未来粮食安全"（Feed the Future），主要援助地区是塔吉克斯坦哈特隆州，帮助农民增加收入，减少营养不良状况，主要援助方式是帮助农产品深加工、改善灌溉体系、在巩固和扩大农民土地利用权利基础上传授耕种和饲养经验等。

第三，技术援助，主要援助地区是乌兹别克斯坦，主要援助方式是传授种植、干燥果蔬、冷藏果蔬的技术和方法，帮助农民增加产量和收入。

欧盟与中亚国家的农业合作主要涉及五个方面。

一是农业政策和农业体制改革，为农业发展创造良好的发展和投资环境，使中亚国家的农业政策和标准与欧盟接轨，如减贫政策、食品安全政策和标准、林业资源管理、河流利用管理、农业生产应对自然风险的管理能力等。

二是发展农业科技，如推广有机农业和绿色经济。

三是与全球气候变化相关的农业和水资源问题。

四是农村基础设施建设，如改善农村能源（照明）、饮水安全和卫生条件等。

五是粮食安全和粮食援助，主要针对塔吉克斯坦和吉尔吉斯斯坦两国。

主要项目有：

第一，乡村发展。旨在帮助弱势人口获取和利用经济机会；建设乡村基础设施，重点是农村饮水安全；提高社区的管理能力，向极端贫困家庭提供畜牧种苗发展养殖业，改善粮食安全。比如帮助塔吉克斯坦有残疾人口的农村家庭提高生产和多元化经营，增加享受社会福利的机会，协助妇女从事个体经营等。

第二，社会建设。旨在加强非政府组织在社区的能力建设。

第三，粮食安全。主要是向农民免费发放蔬菜种子，改善食品安全。

第四,就业帮助。旨在建立合作社和技术培训中心;发展农村新能源企业。

第五,教育。帮助中亚国家发展职业教育,比如农业机械化技术和操作规范培训。

第六,风险管理和救灾。包括紧急粮食援助。

除政府间合作外,以四大粮商为代表的欧美巨型农业企业(美国ADM、邦吉、嘉吉、法国路易达孚)对包括中亚在内的独联体地区影响力巨大。这些大粮商具备种植、收购、农资、加工、流通、运输、销售等全部上、下游及其相关产业链条,并借助世界期货市场,对全球粮食生产和供应发挥重要影响。在独联体地区,四大粮商以俄罗斯和乌克兰为生产、加工和流通基地,业务范围遍及所有独联体国家,几乎垄断独联体的植物油和糖市场,在谷物生产、贸易和加工领域同样占有重要份额。

美国ADM集团从1980年开始与苏联(俄罗斯)进行小麦、谷物、大豆、大豆粉等粮食贸易,1983年在莫斯科建立办事处,现在业务内容主要是直接或间接(通过特福国际公司A. C. Toepfer International)向俄罗斯、白俄罗斯、乌克兰、亚美尼亚和哈萨克斯坦等国的食品和饲料工业提供生产原料,如大豆蛋白、卵磷脂、黄原胶、乳汁、玉米糖浆、可可、氨基酸类、大豆蛋白等。

美国邦吉集团的独联体市场业务主要由"邦吉—独联体"公司负责,集中在食品加工和粮食贸易(粮食、植物油)等领域,生产"奥列伊纳"(Олейна)、"理想"(IDEAL)、"谢肉节"(Масленица)、"罗祖姆尼察"(Розумниця)等品牌植物油,经销西班牙"普瑞玛奥利娃"(Primoliva)牌橄榄油。还掌控顿河沿岸罗斯托夫市的粮食港口(负责俄罗斯和哈萨克斯坦地区的粮食收购和进出口运输,拥有5500吨以下的河海运输船舶)、2座粮库、1家大型榨油企业（年处理50万吨油籽）。

美国嘉吉集团拥有世界最大的粮食运输和流通系统，从1963年起便同苏联开展合作，业务主要涉及粮食贸易（谷物、玉米、饲料、肉类、糖等）和粮食加工，是独联体糖类商品的最大供应商，在俄罗斯拥有4座粮库、1个粮食码头、1家农产品生产联合体（主产淀粉、糖浆、面粉、动植物油、玉米、小麦饲料等）、1家肉类加工企业。

法国路易达孚集团是世界最大的与俄罗斯粮食贸易商，农产品业务主要由旗下的"路易达孚大宗商品东方公司"负责，主要从事农产品的存储、运输和加工业务。在俄罗斯建有11个粮库。

奥兰国际是全球第二大棉花供应商，在独联体主营粮食贸易和棉花，在俄罗斯和中亚五国均设有办事处或合资企业。粮食贸易主要是为食品企业提供原材料，如可可豆及其制品、坚果、奶制品、谷物等。业务约占独联体棉花出口市场的10%份额。

（四）欧亚经济联盟的农业合作

欧亚经济联盟的主要功能是协调政策，制定统一的规则。根据相关文件，其农业合作主要体现在五个方面。

一是协调统一农业政策，建设共同农业空间（即统一农业市场）；

二是协调和统一农业补贴规则（2014年5月29日《欧亚经济联盟条约》第29附件）；

三是开展农业国际合作；

四是实施具体的跨国农业合作项目；

五是监督和促进农工综合体发展。

早在欧亚经济联盟的前身欧亚经济共同体时期，成员国农工政策委员会通过的农业合作文件主要有（欧亚经济联盟成立后继续有效）：

①《兽医卫生措施协议》和《植物检疫协议》；

②《扶持农业统一规则协议》；

③《成员国协调农业政策构想》；

④《成员国农工政策构想》，主要目的是维护和促进成员国农工企业稳定发展，在综合考虑各成员国家利益和发展战略、农业生产条件和特点、承担的国际义务等因素基础上，协调成员国农业管理和发展政策，如农业预算、补贴、信贷、税收、科技、保险、进出口政策等。该构想确定检验合作效果的四个标准，即农业生产率、农产品贸易额、对生态环境的影响程度、粮食安全的保障程度。

⑤《农产品、原料和粮食的"欧亚商业流通体系"构想》，目的是建立"欧亚商业流通体系"，利用成员国现有基础设施和生产条件，建立区域协调统一的农产品流通大市场，减少中间环节，降低生产和流通成本，确保农产品供应。体系的参与者有农业生产者、贸易商、加工企业、商品交易所、仓储企业、银行、保险公司、运输企业等。主要活动方式是在欧亚经济共同体农工委员会的组织协调下，建立"共同体农产品交易所""信息中心""信息发布系统""交易结算平台"和"交易仲裁委员会"。

⑥《欧亚经济共同体粮食安全构想》，该构想确定衡量一国粮食安全程度的指标体系，包括：每日能量摄入量；粮食储备水平；食物的可获得性水平；食品价格水平；食品的国内市场规模；粮食和食品的对外依赖程度；饮用水的储备水平等。为保障粮食安全，欧亚经济共同体的主要措施包括：对成员国粮食安全状况进行年度评估；预测粮食生产和需求平衡；建立粮食形势预测分析中心；建立共同的粮食贸易和物流体系；制定统一的粮食和食品卫生检疫标准；建立地区层次和跨国层次双重保障体系（地区层次负责保障供应和提高收入，跨国层次负

责区域内总量平衡）；关税联盟确定适当的关税和非关税政策等。

⑦《关税联盟和统一经济空间成员国协调统一农业政策构想》，旨在加强农业政策领域合作，维护区域农业平衡稳定发展、保护公平公正的竞争环境、协调市场准入条件、统一农产品和食品安全卫生标准、制定农产品流通规则、维护生产者和消费者权益等。该构想提出协调和统一农业政策主要涉及八个方面：国家农业补贴政策；农业发展战略和具体指标体系；共同农业市场；农业生产和流通领域的规则和安全技术标准；农产品检验检疫标准；农产品出口政策；农业科技和创新；农业信息协作。

截至2018年，欧亚经济联盟农产品质检领域已统一八项技术规范和标准（粮食安全、食品安全、农业和林业机械设备及其零配件安全、饮料标准、油脂标准、奶及奶制品标准、肉及肉制品标准、食品及其标志技术规范），正在研究制定四项技术规范和标准（禽肉安全、鱼及鱼制品、饲料和饲料添加剂、化肥）。

四　农业合作的机遇与风险

中国农业资源有限，利用国外资源调剂余缺是现实国情下的必然选择。进口农产品相当于节约土地。据测算，如果中国不进口农产品而完全依靠国内生产的话，目前的粮食消费量至少需要新增30亿亩（即2亿公顷）以上的农作物耕种面积。因此，随着工业化、信息化、城镇化快速发展，对农业现代化的要求更为紧迫，保障粮食等重要农产品供给与资源环境承载能力的矛盾日益尖锐。如果过分强调依靠国内资源保障粮食安全，可能要付出资源、环境和经济代价。从战略上看，进口国外农产品和利用国外农业资源不可避免。

根据2012年工信部和农业部联合颁发的《粮食加工业发展规划（2011—2020年）》，中国粮食生产和消费发展目标是确保2020年口粮供给不低于2.525亿吨（5050亿斤）；饲料用粮不低于2.275亿吨（4550亿斤）。有研究认为：基于平衡膳食模式，中国人均粮食年需求量不超过400千克，其中低方案为252.64千克，中方案为322.07千克（可以基本满足中国口粮需求），高方案为386.60千克（基本可以确保中国的粮食安全），但由于不合理的食物消费结构模式，根据实际消费值计算出的人均粮食需求量会大于基于平衡膳食模式下的人均粮食需求量，但年产粮食5亿—6亿吨即可满足粮食消费需求。

根据联合国粮农组织经验，粮食库存和消费量比例超过17%（粮食安全系数）即说明粮食安全有保障，低于14%则称为粮食安全紧急状态。据中储粮总公司数据，中国的粮食库存每年都超过4000万吨，消费比远高于17%的国际警戒水平。尽管市场稳定面临压力，但粮食安全保障没有问题。

2013年以来，中国每年自产粮食约6亿吨，进口约1亿多吨。据海关总署统计，2017年中国共进口粮食1.3062亿吨（同比增长14%），其中大豆9553万吨（同比增长13.8%）、小麦442万吨（同比增长29.6%）、稻米403万吨（同比增长13.2%）、玉米283万吨（同比下降10.7%）、高粱505.7万吨（同比下降24%）、大麦886万吨（同比增长76.9%）。

从农产品直接进口的原因看，近年大体分为五种类型：第一，国内难以生产，历史上便依赖进口的农产品，如啤酒大麦等；第二，满足需求多样化要求的进口，如泰国香米、强筋小麦等；第三，满足工业增长需求的进口，如棉花、大豆、玉米、小麦等；第四，市场化和专业化分工造成的进口增长，如油菜籽等，国内农民愿意种植经济效益高的玉米，也导致国外较便宜的大豆进口激增；第五，供给与消费扩张相互作用拉动的进口增加，如人口增加→肉类消费增长→饲料需求增长→大豆进口增加→饲料供应增加→畜牧业增长→人均肉类消费提高。

表15　基于历年实际消费量而计算出的不同经济水平下的人均粮食消费量预测

	低方案	中方案	高方案
人均粮食消费量（千克）	357.38	388.69	420.00
口粮消费	179.65	190.37	201.09
饲料用粮	114.01	118.64	123.26
加工用粮	44.55	55.97	67.39
种子用粮	7.62	8.45	9.28
粮食损耗	11.55	15.26	18.98
年粮食消费总量（亿吨）	4.97	5.40	5.84
口粮消费	2.50	2.65	2.80

续表

	低方案	中方案	高方案
饲料用粮	1.58	1.65	1.71
加工用粮	0.62	0.78	0.94
种子用粮	0.11	0.12	0.13
粮食损耗	0.16	0.21	0.26

资料来源：唐华俊、李哲敏：《基于中国居民平衡膳食模式的人均粮食需求量研究》，《中国农业科学》2012年第11期，第2315—2327页。人口依照2018年1月总数13.9008亿计算。

表16　　农村居民粮食（原粮）消费量统计　（单位：千克/人/年）

	粮食（原粮）	谷物	薯类	豆类
2014年	167.6	159.1	2.4	6.2
2015年	159.5	150.2	2.7	6.6
2016年	157.2	147.1	2.9	7.3

资料来源：国家统计局网站。

表17　　中国粮食安全主要指标

类别	指标	2007年	2010年	2020年	属性
生产水平	耕地面积（亿亩）	18.26	≥18.00	≥18.00	约束性
	其中：用于种粮的耕地面积	11.2	>11.00	>11.00	预期性
	粮食播种面积（亿亩）	15.86	15.80	15.80	约束性
	其中：谷物	12.88	12.70	12.60	预期性
	粮食单产水平（千克/亩）	316.2	325	350	预期性
	粮食综合生产能力（亿千克）	5016	≥5000	≥5400	预期性
	其中：谷物	4563	≥4500	>4750	约束性
	油料播种面积（亿亩）	11.7	1.8	1.8	预期性
	牧草地保有量（亿亩）	39.3	39.2	39.2	预期性
	肉类总产量（万吨）	6800	7140	7800	预期性
	禽蛋产量（万吨）	2526	2590	2800	预期性
	牛奶总产量（万吨）	3509	4410	6700	预期性

续表

类别	指标	2007年	2010年	2020年	属性
供需水平	国内粮食生产与消费比例（%）	98	≥95	≥95	预期性
	其中：谷物	106	100	100	预期性
物流水平	粮食物流"四散化"比重（%）	20	30	55	预期性
	粮食流通环节损耗率（%）	8	6	3	预期性

资料来源：2008年11月13日新华社发：《国家粮食安全中长期规划纲要（2008—2020年）》。其中粮食物流体系"四散化"是指散装、散卸、散存、散运。保障粮食等重要食物基本自给是指粮食自给率稳定在95%以上，到2020年达到5400亿千克以上。其中，稻谷、小麦保持自给，玉米、畜禽产品和水产品等重要品种基本自给（注：换算指标：1亩≈0.067公顷，1公顷=10000平方米=15亩）。

鉴于中亚国家的粮食生产能力和品种结构，中国与中亚国家开展粮食合作的主要作用和意义在于：

第一，丰富"一带一路"合作内容，夯实"命运共同体"基础。除贸易外，粮食合作至少包括种植、加工、存储、土壤和水资源管理、科技、相关设备设施建设、保险和金融等业务，涵盖农业合作方方面面。中亚国家可利用中国的市场、资金和技术优势实现增产增收，中国可利用粮食合作巩固与中亚国家关系，缓解粮食安全压力，从而实现互利双赢。

第二，满足多样化消费需求和工业原材料需求。中亚国家的粮食质量较高（绿色），性价比较合理，比如中亚小麦筋度高，适合做面包等高档食品、饲料、生物能源等。据国家粮油中心数据，2017年度国内小麦产量1.32亿吨，进口429.7万吨，制粉加工消费1.10亿吨，考虑其他消费和浪费，总体国内消费1.27亿吨，年末库存1.19亿吨（基本是普通小麦）。月末库存消费比为10.8。从市场消费结构看，市场对优质小麦的需求量不断增加。据有关市场机构调研预估，中国优质强筋小麦年产量350万—450万吨，而市场需求量600万—800万吨，供给侧结构性矛盾大多体现在优质小麦上。而哈萨克斯坦的小麦恰好绿色优质，性价比高。

第三，提高进口来源多元化，降低对美洲市场的依赖。出于产量、品质和成本考虑，除哈萨克斯坦外，从其他中亚国家进口小麦等粮食的数量可以忽略不计。哈萨克斯坦对华粮食出口主要是小麦（其他可以忽略不计），哈政府希望能达到每年100万吨水平（相当于近年年进口量的1/4）。尽管与中亚国家的粮食合作规模无法从根本上解决粮食安全问题，但至少可在一定程度上缓解中国的粮食安全压力。如果能与俄罗斯联合，则效果会更佳。

第四，帮助改善生态环境，缓解国内环保和耕地压力。节约国内土地和水资源，减少化肥农药消耗，助力中国实现"十三五"规划提出的土地休闲轮耕战略。据测算，中国小麦单位产量为355千克/亩（5.3吨/公顷），全生育期耗水量3750—5040立方米/公顷，单产越高，耗水量越大。照此计算，每进口1万吨小麦，至少相当于节省1887公顷耕地和708万立方米水资源（大体相当于16万北京居民一年用水量）。如果每年从中亚（尤其是哈萨克斯坦）进口50万—100万吨小麦，每年可实现9万—18万公顷（140万—280万亩）耕地轮休。

（一）合作可行性分析

无论是地缘条件和政治关系，还是合作基础，周边国家都是中国调整资源利用战略、实现农业"走出去"的首选。当前，中国与中亚国家均面临保障粮食安全、加快农业现代化的重任，单凭一己之力难以解决。在调整粮食和农业生产结构方面，受耕地和水资源所限，各国需在保障口粮、适应民众饮食多样化需求、满足工业原料供应、出口创汇四者间作出合理和有效的平衡。在生态方面，各国均需抑制土壤和草场沙漠化、盐碱化、保护动植物。在调控粮价和抑制通胀方面，食品支出占居民总消费支出的比重大,居民对粮食和食品价格浮动敏感,需防范金融风险,降低粮食金融化影响,避免小幅或局部的粮价波动被放大成剧烈或全面的涨跌。由此,各方都希望把握机遇,深化务实合作,保障地区粮食安全,促进世界农业发展,共同造福本国和本地区人民。

在地理方面,中亚国家都是内陆国,远离世界经济中心,其首都与西欧各国首都的直线距离均超过5000千米,与北美各国的首都超过1.2万千米,与北京超过3000千米,与南亚国家的首都超过2000千米。乌兹别克斯坦还是世界上仅有的两个需要经过两个以上国家才能到达出海口的国家之一(另一个是欧洲的列支敦士登),它离最近的海港有3000多千米远,其产品需长途跋涉才能销售到欧美和亚太地区。因此,不管中亚国家愿不愿意,它们都需要利用周边国家的铁路、公路、管道、空中航线以及出海口,以保证货物进出口等对外交流活动顺畅进行。

在劳动力方面,中国和多数中亚国家的劳动力数量众多且价格便宜,而哈萨克斯坦则地广人稀,劳动力缺乏,在建筑、商贸、工业、农业和林业等领域对外籍劳动力需求较大,它们有意吸收中亚的劳动力参与其建设,俄罗斯、哈、吉、塔四国已签署互免签证协议,劳动力流动相对容易很多。与此同时,中亚国家都担心中国劳动力影响其本国劳动力就业,对中国劳工的劳务签证配额非常严格。

在自然资源方面,哈萨克斯坦北部地区位于世界土壤肥力最高的黑土地带,是世界小麦、玉米、大豆和畜牧业的主产区。哈萨克斯坦南部、乌兹别克斯坦、吉尔吉斯斯坦、塔吉克斯坦、土库曼斯坦绿洲发达,是世界棉花主产区之一,也是蔬菜、水果等农产品和中草药的理想产地。塔吉克斯坦和吉尔吉斯斯坦还有良好的高山牧场。

在农业技术方面,各国都具有自己丰富的农业生产经验。

比如中国在农作物育种、栽培技术、病虫害防治、节水灌溉、设施农业、土地改良技术、小型农机具生产等方面具有一定优势。中亚国家在灌溉农业、棉花和小麦育种等领域有技术专长。

在农产品贸易方面，中国市场规模大，足以消化吸收独联体国家的农产品。与中亚国家相比，中国在林果业、农产品加工、设施农业等劳动和资本技术密集型农产品生产方面具有明显的相对优势，可从中亚和俄罗斯进口土地密集型农产品，如谷物、棉花、生丝、皮革等农产品，向中亚出口劳动密集型和资本技术密集型农产品，如时令或反季蔬菜、花卉、水果、种苗、畜产品等鲜活农产品，并带动农业机械、化肥、农药等农资出口。另外，新疆还可利用其地缘、交通、口岸、农业技术等优势，成为连接中国东部与中亚国家农产品贸易的重要通道，将中亚与中国内地两个市场联结起来。

根据贸易特化指数测算可知，2008—2013年，与上合组织其他成员相比，中国植物产品和食品等农产品具有比较优势，但植物产品优势呈减弱态势，食品优势呈增强态势。与此同时，中国的活动物和油、脂等农产品具有比较劣势，但活动物类的依赖程度渐弱，油、脂类产品的依赖程度渐强。

利用GM（1，1）模型测算结果表明，到2020年，中国将成为农产品净进口国，逆差达32亿美元。其中，从上合组织其他成员（正式成员、观察员、对话伙伴国）的农产品进口总额将达到133.62亿美元，向上合组织其他成员的农产品出口总额将达到102亿美元。

"一带一路"倡议总体推进顺利。中国已与中亚国家签署有关"一带一路"合作协议，启动国际产能、工业园区和基础设施互联互通等建设项目，已实现人民币挂牌交易和本币互换，民众交流的力度和密度有较大提升，中亚各国政府和民众对华好感度增加。

（二）主要政策环境风险

未来影响粮食合作的风险主要是干部人事变换频繁、宏观经济稳定性仍旧薄弱、投资贷款回收难度增加、宗教极端势力屡禁不绝、大国博弈规则和标准体系、环境资源约束等。

第一，政治风险：干部人事变换频繁。依照目前各国政党形势和政治力量分布配置，未来各国执政当局有能力控制局势，政局有望总体保持稳定，不会出现大的动荡，各国的既定发展战略可获得推进落实。另外，各国政权交接的制度和法律已确定，在土、乌、吉三国亦已实践，即使现任总统出现意外，国家也会依照宪法正常运转，不会因政权交接而动荡。

2020年前最大的政治风险是干部调整频繁，独立后一代走上前台，进入国家政治经济生活的主流。妥善安置"老臣"软着陆是难题，需通过岗位交流和新老交替等方式，削弱干部与寡头或利益集团的联系。对中国影响在于：其一，一些岗位缺乏有经验的领导，很多工作难以开展或推迟；其二，与合作伙伴建立长期稳定合作关系的难度加大；其三，可能加剧大国物色和培养自己代理人的竞争；其四，国内政治经济资源利益调整在所难免，形成新的利益集团和地方集团；其五，中国企业可能成为政治斗争的牺牲品，面临更严格的检查和管理，如查税、控制劳工签证、保护当地工人利益、检查环保排污标准等。

第二，社会风险：人口结构总体年轻，就业压力大。中亚国家的人口出生率较高，各国均在20人以上/千人，全地区每年新增150多万人口。人口增长带来就业压力，让现有的民生设施紧张，社保支出大幅增加。另外，中亚各国人口结构总体年轻，独立后成长的一代人已占据社会人口主流，各国65岁以上人口比重均不足5%，适龄劳动力人口（24—55岁）约占 2/5，就业人口基数大。

这种现象的影响在于：其一，加大本地化管理，中国在中亚投资的企业需更多雇佣当地劳动力（包括在竣工投产前的项目建设阶段）；其二，劳动力签证更加严格；其三，解决就业将成为中亚国家最欢迎中国投资的理由之一；其四，加强就业和职业技能培训可成为中国增加影响力的最好途径之一；其五，俄罗斯是中亚劳动力的最主要目的地（官方登记有近400万中亚人在俄打工），俄由此成为对中亚影响力最大国家，中国与中亚国家合作需考虑俄影响；其六，西方可能利用反腐败的名义，鼓动青年人反对现政权。此举在高加索的亚美尼亚和格鲁吉亚均已成功。

第三，宏观经济风险：经济基础仍旧薄弱，不确定性较大。中亚国家总体经济规模不大，五国总人口约6000万，GDP总值最高时约4000亿美元。各国均大力发展非资源领域经济，希望摆脱对原材料单一经济的依赖。国际金融机构也预期2020年前呈增长趋势，但调控任务依然艰巨。五国正在执行的国家级发展战略规划的各类项目投资规模总计约2500亿美元，本国（预算、企业自有资金加融资）只能解决约1/3，其余2/3需借助外资和国际金融机构。

国际三大主权评级机构认为未来中亚各国的经济风险主要有：其一，依赖原材料出口以及基础设施薄弱、老化程度高的难题依然存在。塔、吉两国能源短缺现象（尤其是冬季断电）未来5年内仍难解决；其二，本币贬值。受消化救市支出、美元升值、维持与俄罗斯卢布的比值（确保本国出口商品竞争力）等因素影响，未来各国本币贬值趋势仍会继续。中国投资回收风险大增；其三，融资难且成本高。中亚各国央行纷纷调高再融资利率（提高到10.25%—16%），商业银行贷款利率相应提高到18%—35%，加大企业融资成本和银行放贷难度；其四，财政收入和海外劳工汇回收入减少，赤字增加。2017—2019年预算期内的赤字规模土和乌约为1%，哈、吉、塔约为3%。

第四，金融风险：投资保障难度增加，亟须投资的安全保障和退出保障机制。中国是中亚国家最大的直接投资国和贷款债权国。截至2018年年初，官方公布的中国企业在中亚累计投资余额约600亿美元，对中亚的贷款余额约150亿美元（哈121.75亿美元、吉16亿美元、塔12亿美元，乌和土未公布）。鉴于哈、吉、塔三国外债规模已接近国际公认的外债风险线，继续向中亚国家提供贷款的风险增加。

受市场规模小、优势资源所剩无几、本币贬值、外债规模已超国际公认警戒线等因素影响，中国以前在中亚投资时广泛使用的"市场换贷款""资源换贷款""国家担保换贷款""实物换贷款"等投资保障机制的应用空间越来越小。另外，中国企业当前普遍通过自主融资和股权收购等方式参与项目竞争和开发，由于大部分企业不具备长期经营管理的能力或意愿，通常在工程承包交钥匙后便产生投资退出等难题（例如，谁、以什么方式接盘等）。部分企业为尽快收回投资，往往因急功近利损害中国和企业形象。

第五，安全风险：宗教极端势力屡禁不绝。叙利亚和阿富汗形势变化，使得境外极端分子回流中亚成为安全威胁最大负担。另外，中亚也是"东突"分裂势力的基地之一。因合作项目和人员地处偏僻、面孔好识别、防范意识差，中国在中亚的公民和企业较容易被袭击，受影响较大的地区是吉、塔和哈三国。

第六，外交风险：大国博弈因素将长期存在。表现在：其一，出口方向竞争。中亚国家可能利用各方向之间的竞争（向俄罗斯、欧洲、中东、亚洲市场等）而提高价格；或者在需求下降时增加对中国期待，要求中国维持价格和购买量等（相当于加大援助）；其二，一体化合作方向竞争。美"新丝绸之路"战略希望加强中亚与南亚合作，俄通过主导集体安全条约组织和欧亚经济联盟维持在中亚的传统影响力；其三，规则和标准竞争。美欧提供西方方案，俄则通过欧亚经济联盟统一市场制定规则体系，使中国与中亚国家的对接合作与自贸区谈判难度加大；其四，民心相通竞争。俄借助人口和历史文化，优势明显。美西方通过非政府组织、媒体和文化交流等，也掌握主动。尽管中国依托经济合作，交流逐步扩大。但"中国威胁论"在一定范围内仍存在，利益集团借此阻挠中国项目合作；其五，安全影响。美西方可能利用阿富汗为突破口，鼓动极端势力威胁中国西部安全。

第七，环境风险：水资源约束较突出。未来水资源短缺是中亚各国均面临的难题。中亚地处内陆，水资源主要依靠冬季降雪和雪山融雪。但各地水资源分布不均匀，经济发展主要依靠绿洲经济。受生存空间限制，中亚国家一向重视环保，拒绝污染企业。要求中国投资时需慎重选择项目种类。

中国与哈萨克斯坦之间的跨界河流问题日益突出。哈认为，作为上游的中国经济发展太快，耗水量增长迅速，已影响下游维持生态平衡和正常生产生活所需水量。中方每年从额尔齐斯河的提水量已从原先的10亿—15亿立方米增加到15亿—20亿立方米（预计未来最高达50亿立方米），从伊犁河提水灌溉40万公顷田地，未来可能扩大到60万公顷土地，致使每年流入哈境内的伊犁河水量从120亿立方米减少到100亿立方米。

中亚水资源矛盾对农业合作的影响很多，比如需要上、下游调整种植结构和种植面积，减少耗水量大的农作物生产（如棉花等）；增加节水投入，改善灌溉设施；科学合理地使用化肥农药，避免灌溉余水二次污染；因干旱或水灾导致农业减产，造成农产品价格上涨，致使通胀压力加大；电力不足导致外资不愿投入，造成本国农产品加工和物流发展缓慢等。

第八，中国威胁论：总的来说，"中国威胁论"可以分为两部分：一是对作为整体的中国的国际影响力不断提升的担心，怕中国壮大会影响其地位；二是对具体的中国居民影响当地经济和社会秩序的担心。

中亚国家存在"中国威胁论"的原因主要有：

一是苏联时期的反华宣传。苏联与中国之间有领土纠纷。尽管与中国的边界问题现已全部解决，但这些国家仍然不放心，担心中国强大后还会提出领土要求。

二是炒作"中国威胁论"也不排除是这些国家的有关部门、大型企业、跨国公司为自己私利而故意推动的结果。比如2010年年初的哈萨克斯坦媒体炒作中国农企租赁哈土地事件，背后便有国际巨型粮商的影子，他们担心中国企业抢夺其传统市场份额；一些媒体和社会团体可能为追求轰动效应而夸大或歪曲事实；地方政府和强力部门借打击"中国移民问题"之名向中央伸手要钱；中央政府也愿意假借民意而实施符合其意的对华政策等。

三是国际因素。一些国家（尤其是美国等西方国家）不愿意看到中国崛起，对中国大加诬蔑，经常炒作"中国威胁论"。在西方的宣传影响下，中亚国家联想自身，也开始担心起来。

四是一些华人确实存在不当甚至违法行为，干扰了当地的正常秩序。比如持过期签证长期滞留不归；有些企业为尽快收回投资而加快开发，影响资源可持续利用；部分国人为逃避检查而行贿等。

2000年至今，中亚地区直接针对中国的游行示威事件主要有：

2004年《中华人民共和国政府和吉尔吉斯共和国政府关于中吉国界线的勘界议定书》签署后，吉反对派组织南部居民游行，认为阿卡耶夫政府卖国，将本属于吉国的土地让给中国。

2009年年底至2010年年初，因中资企业租赁哈土地从事农业种植问题，哈反对派在南部地区组织游行示威。哈政府认为，哈有大量闲置土地，国家无力大量投入使其恢复使用，农业生产者也面临产品销售难题，希望中国企业利用哈南部的100万公顷荒废农业用地种植大豆。但哈国内反对派认为这是"卖国"计划，项目将招来大量中国人，影响哈人口结构。

2011年哈萨克斯坦"扎瑙津骚乱"期间，部分组织者抗议中资能源企业有违法活动。部分当地居民认为中国企业掠夺其资源，拿走大部分利润，仅有少部分留给当地。

2012年10月，中国紫金矿业在吉尔吉斯斯坦"塔迪布拉克左岸金矿"项目施工单位与当地居民冲突。当地居民认为中国企业污染环境，矿山污水破坏当地水质。

2014年6月，吉反对派领导人、前议长克里季别科夫的支持者在连接奥什州与中国的战略道路上设置帐篷、石头等，切断交通，要求释放克里季别科夫，并将当地的中资企业"肯孜尔—布拉克"煤矿国有化。

2018年4月，中国广隆公司在吉尔吉斯斯坦南部贾拉拉巴德州的金矿被当地居民打砸毁坏，理由是金矿开采破坏当地环境。深层次原因是该项目系企业与中央政府的合作，利润归属中央，当地未能从中获得好处。居民认为自己既没受益，还要承担环境损失，因此极其不满，加上吉国内政治斗争，部分政敌背后怂恿，于是出现过激行为。

综上所述，中亚地区不稳定对中国投资的影响可能表现在以下六个方面：

一是威胁中国海外人员的人身和财产安全。部分中国商户遭打砸抢烧，三股势力可能袭击或绑架中方人员和项目；

二是威胁中国投资安全。中国在中亚的企业可能遭受严格的劳工、税务、海关、环保等检查，影响正常建设和运营；

三是威胁中国贸易安全。中国与中亚国家的联系通道可能被截断（道路、通信、管道等基础设施）；

四是威胁中国贷款安全。中亚可能借口经济困难而要求延期或减免债务；

五是威胁中国军事安全。为加强西部安全，中国可能需要调整边防和军事部署（尤其是美军租借吉玛纳斯军事基地期间）；

六是威胁中国国家形象。炒作"中国威胁论"。

（三）现实困难

从落实环节看，当前中国与中亚国家粮食合作可能面临的难题主要有以下几点。

第一，基础设施薄弱。当前大宗农产品（小麦）几乎全部通过阿拉山口口岸，其他农产品主要通过吉木乃和霍尔果斯口岸进口。铁路换装压力大，车皮"来满回空"的空载费用高。

第二，劳务签证难。各国为保障本国就业，对劳动力配额管理非常严格。农业属劳动密集型产业，人员往来困难，必然会限制合作规模。

第三，品质和产量不稳定。中亚农业主要靠天吃饭，受气候影响大，年产量不稳定，装袋装车时杂质较多（尤其是杂草），通常难以满足中国企业"连续多年、大批量、品质稳定"的购货需求。

第四，与新疆农业形成竞争关系。由于新疆与中亚国家农业生产条件相近，也是粮食主产区，同样面临粮食销售难题。如果从中亚大量进口粮食，势必对新疆粮食生产和农民增收等造成压力。

第五，市场规模总量不大，可能无法激发大企业的合作积极性。中亚市场总体不大，可种植和贸易的品种有限且规模不大，对于动辄几十万上百万吨贸易量的大型央企而言，可能不够重视。需要探索合适的合作方式，比如增加民营企业和地方企业积极性。

第六，卫生检验检疫风险。独联体主要是黑穗病和杂草（野燕麦、黑高粱等）重灾区。哈萨克斯坦小麦主产区中北部的阿克莫拉、北哈萨克斯坦和库斯塔奈3个州是小麦黑穗病菌疫情的严重发生区，年均发病率在5%—16%，流行年份达到30%—54%。

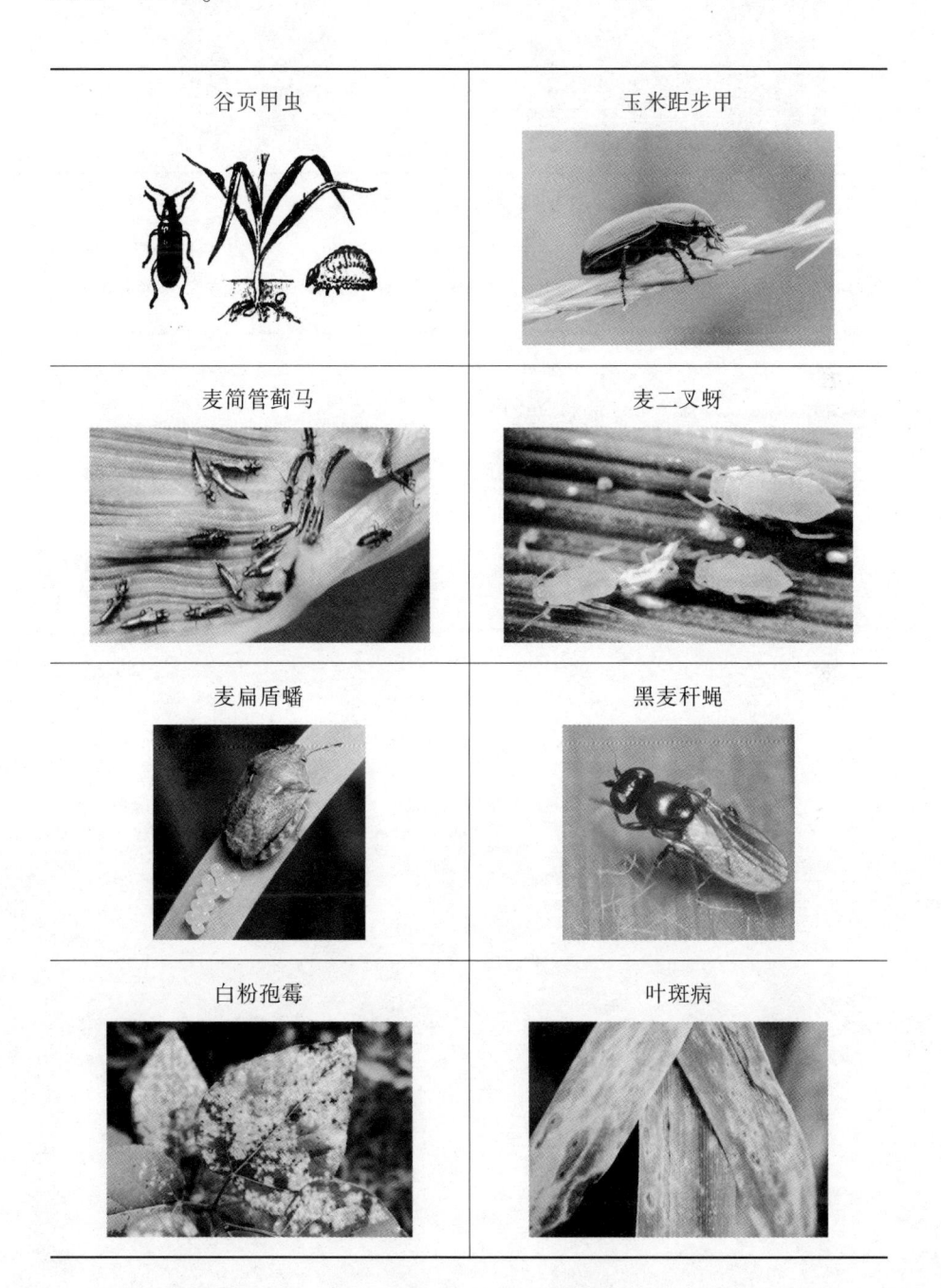

谷页甲虫	玉米距步甲
麦简管蓟马	麦二叉蚜
麦扁盾蟓	黑麦秆蝇
白粉孢霉	叶斑病

| 小麦叶锈病 | 黑穗病 |

图 1　中亚国家粮食生产常见病虫害

资料来源：Продовольственная и сельскохозяйственная организация Объединенных Наций, Мурат Койшыбаев, Хафиз Муминджанов, «Методические указания. По мониторингу Болезней, вредителей и сорныхрастений на посевах зерновых культур», Анкара, 2016, Список вредителей и болезней, наблюдаемых на посевах сельскохозяйственных растениях в 2016 году。

五 建议

粮食安全合作既是农业合作的内容，也是手段。提高成员国粮食产量和质量、增强粮食自给能力，建立综合性粮食安全体系，是区域合作的目标之一。可以粮食安全合作为切入点，逐步扩大合作范围，进而丰富经济合作，促进成员国经济社会稳定，巩固政治互信基础。

（一）合作原则

结合地区农业特点和实情，可考虑以下原则。

第一，坚持大农业观，建立完整的产业链条。强调粮食安全与农业及整个社会经济的发展同步，鼓励和激发各利益相关者积极参与，注重加强公私合作、政企合作等。"大农业"现代农业产业化形式，不仅包括种植业、畜牧业、林业、渔业、副业五种传统产业形式，还包括产前产后，如产前的农机、农具、农药、化肥等农资生产，产后的农产品加工、销售、物流等，另外还有相关的基础设施、科技、法律、金融信贷、保险、旅游、人才培养等诸多服务。在该原则指导下，农业合作不仅是农业种植、土地开发、农产品贸易、科技合作、农业基础设施建设，还要促进与此有关的农业金融信贷、保险、物流、旅游等相关产业发展。

第二，坚持整体观，注重地区、行业综合平衡。从地区角度看，粮食安全和农业合作不仅是新疆地区或中国西部与中亚国家，而是整个中国与中亚的合作，可全国一盘棋，发挥各地优势，调剂余缺，综合平衡农产品产量和消费量。从农业角度看，开展农业合作可结合其他领域合作，如宏观经济调控、技术标准和检验检疫、海关、交通运输、贸易投资、信息、保险、教育、环保等，各领域都有重叠交叉的内容，若能统筹兼顾，可使各领域均获得最大收益。

第三，坚持正确的义利观，本着"亲、诚、惠、容"原则，打造"命运共同体"和"利益共同体"。建立利益分享机制，要求参与各方都能积极承担责任，共同分享发展成果，建立起"双赢"和"共赢"的合作机制，实现所有成员国共同发展的目标。对中国来说，与中亚国家农业合作的目的不仅是保障自身粮食安全（进口短缺的农产品），更是促进其他国家的粮食安全和经济发展，是借助农业合作这一途径和方式，巩固双方关系，提升中国形象。

第四，立足区域影响层次的合作，争取全球影响层次的合作。"区域影响层次"即指中国与乌、吉、塔、土四个中亚国家的农业合作。因这四国的市场规模整体较小，难以对整个国际市场产生较大影响，与其合作的主要目的是优化农业资源和市场配置，保证地区内部的供需稳定，促进成员国经济发展和民众生活水平提高。

"全球影响层次"是指中、俄、哈三国在国际大宗农产品市场领域的合作。这三国的大宗农产品不仅市场规模巨大，而且互补性强，俄、哈是生产国和出口国，中国是消费国和进口国。宜完善三国合作机制，利用自己的市场优势，争取对整个国际粮食供求关系产生一定影响，在国际粮食市场谋求更大话语权，寻求建立更公正合理的贸易秩序。比如中国可尝试扩大在哈、俄的"海外屯田"，或者增加从哈、俄的小麦、玉米和大豆直接进口，减少美国和拉美市场比重，同时采用本币结算，绕开国际期货市场和四大巨型粮商。

第五，探索新的合作方式，提升中国的渠道控制力和价格话语权。当前，中国对外农业合作的贸易方式主要以 FOB 或 CIF 形式从国际粮商直接采购，价格以国际期货市场为基准，合同范本以跨国公司的格式合同为主，农产品信息主要来自联合国贸发会议。中亚国家是中国的邻国，宜借助中国市场、资金、技术优势，掌握主动权，谋求话语权，扩大多元化。

（二）合作内容

为加强中国与中亚国家的农业合作，提高粮食安全保障水平，可调动各方积极性，鼓励从政府到民间、从中央到地方的广泛参与。除既定战略规划与合作项目外，还可在以下四个方面加强工作。

第一，依据成员国政府职能与合作性质，可分为管理（保护合法）、治理（打击非法）、护理（继承和发扬）三部分。

管理就是共同维护经济和市场秩序的活动，保障合法经营者、管理人员和科研人员等正常工作秩序，比如成员国政府部门协调法律和制度，支持技术研发和推广，创造公平合理的竞争环境，减少贸易与合作壁垒，提高经济效益。另外还包括危机处理合作，如应对自然灾害、农产品市场剧烈波动、动植物疫情暴发等。

治理就是共同依法合作打击违法犯罪活动，比如农业开发中的滥采滥伐、破坏耕地、地下水超采、水污染和农药污染、制造和销售伪劣种子、滥用转基因农产品、非法劳务等。

护理就是共同对农业、农村和农民长期形成的传统非物质文化予以保护和发扬。比如传统的种植和养殖方法、民间手工艺和加工方法、牧区文化、农耕习俗与禁忌、农村社区文化等。

第二，加强农业对接，主管部门可加强制度协调和战略规划。可强化磋商谈判和国际规则标准制定参与力度，协调农业法律法规和管理制度，推进区域一体化发展；制定区域农业合作战略和规划；共同应对农业市场和自然灾害风险；在全球农业合作领域协调立场；帮助企业推进构建上下游产业链；尝试规划农业生产分工，利用各自生产条件和优势，形成重点不同的专业化分工体系，如小麦产区、大豆产区、蔬菜产区、水果产区等。

第三，发挥农业产业园区作用。可利用中国四大农业示范区（侧重现代种植技术的杨凌农业高新技术产业示范区、侧重种业的北京现代农业科技城、侧重中低产田治理的黄河三角洲国家现代农业科技示范区、侧重外向型农业的连云港"一带一路"农业国际合作示范区）优势，承担农业开发、技术研发和推广、人才培养和技术培训、提高农业生产能力、创新农业管理模式等多重任务。通过资源共享带动关联产业发展，推动产业集群的形成和发展。

第四，加强融资。根据其他国际组织的经验，资金至少有三个用途：一是项目贷款，主要用于具体合作项目；二是无偿援助和人道主义援助，主要用于可行性研究、技术援助、应对紧急突发事件、灾后重建、人道主义等；三是宏观经济和金融稳定基金，确保整个地区经济稳定。

可尝试建立粮食风险基金，形式可以是金融或实物，用于平抑粮食市场价格，维护粮食正常流通秩序。可由各国粮食储备部门负责协调合作，调剂余缺，在出现粮食供应困难时提供必要的帮助，在粮食价格过快上涨时平抑物价。另外，风险基金还可用于日常和紧急应对自然灾害，如极端气候、跨境动植物疫病、草原鼠虫害、草原防火联防联控机制建设等。

选择好合作时的结算货币至关重要。本币结算和货币互换可在一定程度上减少汇率波动对粮价和农业贸易的影响。货币互换是指交易双方约定在未来的一定期限内，按约定的本金额和利率，相互交换不同的货币，目的在于锁定汇率风险，防止汇率变动风险造成的损失，从而降低筹资成本，支持贸易融资，这是国际贸易中的一种常见合作形式。当前，中国已与哈萨克斯坦和乌兹别克斯坦建立货币互换机制，可将其中的部分资金用于农业贸易结算。

第五，构建统一的粮食信息、物流和交易平台。可通过连锁经营、集中市场、网上交易、电子商务等现代流通手段，促进粮食生产方和需求方的直接合作，减少中间环节，拉近生产者与消费者的距离，实现产销间的高效、快捷和有序衔接，确保粮食和农产品贸易和物流顺畅。

农产品信息平台既包括网络资源建设，也包括交易会、博览会、专题研讨、专场推介、休闲农业文化游、美食节等所有能够提供展示宣传机会的措施和活动。既能够反映农业市场的价格、供求、技术研发、招商引资等信息，又可打造农业整体形象，宣传与农业有关的优势产品（尤其是以农产品地理标志为主导的优势农产品）。比如在上合组织秘书处网站上开设农业窗口，专门提供成员国农业市场信息；举办农产品和农资专业博览会；组织农业招商洽谈会、粮食安全研讨会等。

物流平台和交易平台主要是建立农产品和农资集散地、营销网络和运输通道。中国与周边独联体国家的铁路运输存在换装环节，另外，因进出口贸易品种结构差异，车皮空驶现象较严重，交易成本增加，宜协商选择若干交通中心或大城市作为商品集散中心，规划定期运输班次，完善农产品和农资供求网络。

下 篇

六 哈萨克斯坦的粮食状况

哈萨克斯坦（英文 Kazakhstan，俄文 Казахстан）是地处中亚北部的内陆国，北邻俄罗斯（边界线长 7591 千米），南与乌兹别克斯坦（2354 千米）、土库曼斯坦（426 千米）和吉尔吉斯斯坦（1241 千米）接壤，西濒里海（海岸线 600 千米），东接中国（1782 千米）。截至 2018 年年初，哈人口共计 1690.98 万人，其中城市人口 927.75 万人（占 54.9%），农村人口 763.23 万人（占 45.1%）。

哈全国面积 272.49 万平方千米（大体相当于我国新疆和内蒙古面积之和），行政区划是：州级行政主体共 16 个，分为 3 个中央直辖市［努尔苏丹市（原阿斯塔纳市）、阿拉木图市、希姆肯特市］和 14 个州（北哈萨克斯坦州、科斯塔奈州、巴甫洛达尔州、阿克莫拉州、西哈萨克斯坦州、东哈萨克斯坦州、阿特劳州、阿克纠宾斯克州、卡拉干达州、曼吉斯套州、克孜勒奥尔达州、江布尔州、阿拉木图州、突厥斯坦州）；地市级行政主体共 260 个，分为 175 个区（农业为主）和 85 个市（工业和服务业为主）；乡镇行政主体共 2478 个，分为 34 个镇和 2444 个乡。共有自然村 6904 个。

（一）气候和水资源

由于地处亚欧大陆深处，远离海洋，哈萨克斯坦气候总体属于典型的干旱大陆性气候，夏季炎热，冬季寒冷，但因国土面积大，各地气候也不一致，差别较大。

据哈环保部统计，1936—2005年近70年间，哈全国平均气温升高1.8℃（西部地区最高达到4.2℃），平均每10年提高0.26℃。年内5日平均气温为5℃的第一天和最后一天的间隔时间平均每10年延长1—2天。冬季气温平均每10年升高0.4℃，白天平均气温低于0℃的天数平均每10年减少3天。夏季平均气温每10年升高0.14℃，白天平均气温高于25℃的天数平均每10年增加3天。此外，1955—2004年近50年间，哈冰山面积平均每年缩小约0.8%，体积约缩小1%。气候变暖对哈可能造成诸多不利影响，如气温升高、水资源减少、冰山缩小、干旱和荒漠化加剧、人和动植物疾病增加、加大调整经济结构压力（节能减排）、与邻国水资源纠纷增加等。

据哈萨克斯坦2012年《环境统计年鉴》和2014年《水资源管理国家纲要》数据，哈境内约有8.5万条河流，其中长度超过10千米的河流有8000多条。河网分布不均匀，从每平方千米18亿立方米到0.3亿立方米不等，沙漠地区更少。河流水量主要来源于雪山融雪和冬季降雪。全国雪山面积约2000平方千米，总水量约980亿立方米。

地下水已探明可采储量154.4亿立方米（淡水135.2亿立方米），其中可用于居民用水57.6亿立方米，工业用水14亿立方米，灌溉用水82.6亿立方米，矿泉水0.14亿立方米。地下水丰富的地区主要位于巴尔喀什—阿拉湖流域和额尔齐斯河流域。

哈全国年均可利用的水资源总量约1055亿立方米，平均每平方千米3.7万立方米，人均6000立方米。其中地表水径流量1004亿立方米（其中本土产生557亿立方米，境外流入447亿立方米），地下水12亿立方米，海水淡化、打井、水库放水、废水利用、去盐水等共约39亿立方米。

哈年均生态用水390亿立方米（其中巴尔喀什湖不少于120亿立方米，咸海不少于36亿立方米，锡尔河三角洲不少于27

亿立方米，伊犁河三角洲20亿立方米），因水利设施不完善、蒸发、渗透、供应下游国家等需水290亿立方米，另有130亿立方米水质不安全，因此，年均实际可利用的水资源约245亿立方米。

据哈萨克斯坦环境与水利部数据：2012年哈全国共取水（водозабор）195亿立方米，其中农业取水134亿立方米，占68%；工业取水53亿立方米，占27%；居民生活取水9亿立方米，占5%。回收水共计37亿立方米（90%是工业废水再利用）。运输途中的水量损失：农业领域约占60%，工业领域约占40%，居民生活领域约占50%。哈单位GDP（每万美元）耗水量较高，达970立方米。

在134亿立方米的农业取水中，用于灌溉耕地38亿立方米，灌溉滩涂、草场、牧场8亿立方米；运输途中损失88亿立方米；节水技术（喷灌、滴灌、人工降水等）在农业中的普及率不足7%；回收水的利用率不足农业总取水量的1%。

哈政府认为，参照该国2012年的发展速度和用水规模，加上气候变化因素，并假设与邻国签订水量划分协议（即上下游国家公平合理地利用跨界水资源），预计到2040年，哈全年取水量297亿立方米，其中农业211亿立方米，工业取水71亿立方米，居民生活15亿立方米。届时，哈全国可实际利用的水资源仅能满足一半的耗水需求，即缺水122亿立方米。尽管其中110亿立方米可通过国内措施消化，仍有10亿立方米无法解决。

哈政府认为，可通过若干综合措施，解决短缺水资源中的110亿立方米，其中：32亿立方米通过提高水资源利用效率，尤其是农业；4亿立方米通过灌溉节水和土壤保湿措施；59亿立方米通过应用和实施现代化水利设施；16亿立方米通过改善农作物种植结构，既节水，又提高增加值；11亿立方米通过居民生活公用设施改造；提高水资源使用费标准，其中工业用水平均不低于 200 坚戈/立方米，居民用水不低于 300 坚戈/立方米，农业用水不低于 5 坚戈/立方米。

哈跨界水资源合作主要分为三个方向：一是南部与中亚邻国，主要涉及锡尔河，难点在于水量分配与电力生产两个问题始终纠缠在一起。二是北部与俄罗斯，主要是东北部的额尔齐斯河和西北部的西伯利亚诸河流，难点分别在于水质污染和干旱缺水。三是东部与中国，主要是伊犁河和额尔齐斯河，难点在于水量分配和水质污染。推动跨界水资源合作是哈外交优先方向。哈政府认为，水资源国际合作应遵循四项基本原则：一是经济和生态相结合。水资源合作本质是发展问题，是"怎样让人生活得更好"，需要在发展经济和维护生态二者间寻求平衡，实现可持续发展。二是水质和水量相结合。前者关系民生健康，后者关系经济发展。需考虑各方利益需求，建立综合的、长期的利用和保护措施。三是开发与补偿相结合。即谁污染谁治理、共同与合理相结合。四是上游与下游相结合。即流域内所有国家共同参与，而不仅仅是相邻的上下游两国解决各自河段的问题。

表 18　　　　　　　　哈萨克斯坦水资源

	2010 年	2011 年	2012 年
年水资源总量（亿立方米）	1436	1018	927
其中：产自境内	772	573	492
来自境外	664	445	435

资料来源：Агентство Республики Казахстан по статистике, Статистический сборник «Охрана окружающей среды и устойчивое развитие Казахстана 2008 – 2012», Астана 2013, 6. Водные ресурсы。

表19　　　　　　　哈萨克斯坦境内的主要河流（2011年）

	全长（千米）	哈境内长度（千米）	流域面积（万平方千米）	年均径流量（亿立方米）	2012年径流量（亿立方米）	2012年水污染指数
额尔齐斯河（Иртыш）	4248	1700	21	272	218	0.94
伊犁河（Или）	1001	815	6.8	144	133	1.36
锡尔河（Сырдария）	3019	1732	21.9	146	189	2.08
乌拉尔河（Урал）	2428	1082	7.3	101.4	62.8	0.82
楚河（Шу）	1186	800	6.3	17.6	15.9	2.56
塔拉斯河（Талас）	661	227	5.3	9	5.9	1.55
伊希姆河（Ишим）	2450	1400	11.3	16.7	7.8	1.87
托博尔河（Тобол）	1591	800	13.0	2.9	2.0	1.26
努拉河（Нура）	978	978	5.5	6.9	2.0	2.72

资料来源：Агентство Республики Казахстан по статистике, Статистический сборник «Охрана окружающей среды и устойчивое развитие Казахстана 2007 - 2011», Астана 2012, 6. Водные ресурсы. Статистический сборник «Охрана окружающей среды и устойчивое развитие Казахстана 2008 - 2012», Астана 2013, 6. Водные ресурсы。

表20　　　　　　　哈萨克斯坦的主要湖泊（2012年）

	水面面积（平方千米）	蓄水量（亿立方米）	平均深度（米）	最深处（米）
巴尔喀什湖（Балкаш）	19059	1132	5.8	26.5
阿拉湖（Алаколь）	2650	586	22	54
马尔卡拉湖（Маркаколь）	449	63	14	25

资料来源：Агентство Республики Казахстан по статистике, Статистический сборник «Охрана окружающей среды и устойчивое развитие Казахстана 2008 - 2012», Астана 2013, 6. Водные ресурсы。

表21　　　　　　　　哈萨克斯坦的主要水库（2012年）

	水面面积 （平方千米）	最大库容 （亿立方米）	有效库容 （亿立方米）
布赫塔敏水库（Бухмарминское）	5500	490	—
谢尔盖耶夫水库（Сергеевское）	117	7	6
维亚切斯拉夫水库（Вячеславское）	61	4	4
卡普恰盖水库（Капчагайское）	1847	185	103
谢尔达林水库（Шардаринское）	400	52	42

资料来源：Агентство Республики Казахстан по статистике, Статистический сборник «Охрана окружающей среды и устойчивое развитие Казахстана 2008 – 2012», Астана 2013, 6. Водные ресурсы.

（二）土地政策

哈萨克斯坦境内多平原和低地。平原主要分布在西部、北部和西南部；中部是哈萨克丘陵；东部和东南部为阿尔泰山脉和天山山脉。西部最低点是卡拉古耶盆地，海拔 –132 米。荒漠和半荒漠约占领土面积的2/3。因位居亚欧大陆腹地，哈萨克斯坦气候呈典型的温带大陆性气候。水资源总量虽不缺乏，但地区分布不平衡，且近半来自境外径流。冬季降雪和夏季降雨是境内水资源的主要来源。

哈现行《土地法典》共3编21章，共169条。其中规定：

①土地归国家所有。部分地块可依据法律规定的原则、条件和范围归私人所有。

②土地分为农用地；居民用地；工业、交通、通信和国防等用地；自然保护区、康复、休闲和历史文化用地；林地；水利用地；储备用地。

③除从事商业性农业生产和林业外，外国人、无国籍人和外国法人（非国家法人）可以拥有用于建筑、修建生产性和非生产性建筑及其配套设施的地块的所有权。外国人、无国籍人

和外国法人不得拥有边境区和边境地带的地块私有权。

④土地使用方式分为永久使用和临时使用、可转让和不可转让、有偿使用和无偿使用等多种方式。其中永久使用只适用于国有单位，不适用于外国的自然人和法人。除专门规定外，无偿的临时使用时间不得超过5年，通常用于季节性放牧、道路工程、土壤修复等。有偿的临时使用通常分为短期（5年以内）和长期（5年及以上，50年以下）两种，但若用于从事农副业，则哈国公民的租期可以是10年以上（含）50年以下，海外哈侨的租期是10年以下；若用于商业性农业生产，则哈境内非国家法人的租期可以是50年以下，外国人和无国籍人是10年以下。

哈国土面积共计2.7249亿公顷，截至2016年年底，依照用途划分，可用于牧场1.8647亿公顷（占69%），可耕地2479万公顷（占9%），林地1368.2万公顷，荒地431.8万公顷，割草场荒地515.9万公顷，多年生林地15.23万公顷，沼泽113.4万公顷，水域771.2万公顷，其他2841.9万公顷。

依照已登记土地类型划分，2.7249亿公顷全部国土中，共利用土地2.6123亿公顷，其中农用地1.0261亿公顷（占总利用面积的39.3%），居民用地2373万公顷（占9.1%），工业、交通、通信、国防等非农用地287.5万公顷（占1.1%），林地2287.6万公顷（占8.8%），自然保护区672.5万公顷（占2.6%），水域面积413万公顷（占1.6%），土地储备9837万公顷（占37.6%）。

在已登记的1.0261亿公顷农用地中，依照权属划分，居民花园和别墅7.11万公顷（占），农民农业生产用地6009.7万公顷（占），非国营法人用地4077.8万公顷（占），国营法人用地165.5万公顷（占）。依照可利用类型划分，其中耕地2434万公顷，牧场7000万公顷，多年生林地8.7万公顷，荒地259万公顷，割草场210万公顷，沼泽16.2万公顷，森林0.15万公顷，水底22万公顷，其他309万公顷。

表 22　　哈萨克斯坦土地类型统计（截至当年 11 月 1 日）

（单位：万公顷）

	2012 年	2016 年	2016 年各类土地占已利用土地的比重（%）
土地总面积	27249.02	27249.02	100
依照已登记土地类型划分	26117.38	26129.98	96
农用地	9343	10260	38
居民用地	2379	2373	9
工业、交通、通信、国防等非农用地	2621	288	1
特别保护区用地	578	672	2
林地	2306	2288	8
水域和水利用地	411	413	2
土地储备	10839	9837	36
依照适用类型划分			
耕地	2502	2479	9
多年生林地	13	15	0
荒地	432	498	2
草场	516	512	2
牧场	18755	18647	68
森林	1318	1369	5
沼泽	110	113	0
水域	771	771	3
其他	2832	2843	10

资料来源：Агентство Республики Казахстан по статистике, Статистический сборник, «Охрана окружающей среды и устойчивое развитие Казахстана 2012 – 2016», Астана 2016, 5 Земельные ресурсы. Статистический сборник «Охрана окружающей среды и устойчивое развитие Казахстана», Астана 2013, 5 Земельные ресурсы。

（三）农业发展战略

哈《2050 年前战略》认为，哈已是粮食出口大国，未来生产潜力巨大，需要大力发展农业现代化，既保证本国粮食安全，还要使哈成为世界粮食市场的重要参与者。主要措施：第一，扩大种植面积；第二，提高粮食单产效率；第三，扩大畜牧养殖规模；

第四，发展清洁生态竞争力；第五，发展家庭农场和中小农工企业；第六，改善种植结构，提高本国出口竞争力；第七，保证农业用水需求，如开发节水技术、提高地下水利用水平等；第八，完善法律法规，如土地税等；第九，增加农业预算投入。

为进一步推进农业发展，哈政府通过《2017—2021年农业发展纲要》，主要规划15个领域：发展符合国际标准的现代畜牧业；稳定粮食市场；发展养马业；发展饲料生产；发展奶牛业；发展肉牛业；发展养羊业；发展农产品加工业；发展水果蔬菜业；发展肉食鸡业；合理利用土地资源；发展养猪业；发展良种；发展渔业；发展植物安全体系（动植物防疫）等。

规范哈萨克斯坦农业发展的法律主要有《国家安全法》《粮食法》《国家物资储备法》《政府采购法》《种子法》《农工企业和农村发展国家调控法》等。《粮食法》规定国家调控粮食市场的主要途径有：第一，发放粮食仓储许可证，只有符合政府规定条件的企业才有权经营粮食仓储；第二，粮食质量认证；第三，通过政府采购建立国家粮食储备，并确保其质量和数量；第四，降低良种价格，给予良种补贴；第五，资助动植物保护和检疫；第六，对农业生产者给予化肥和燃料等农资补贴；第七，资助农业科研和科技；第八，资助土壤改良。

2008年国际金融危机后，哈农业政策改革方向主要是调整种植和补贴结构，减少小麦种植，增加饲料、油料作物、蔬菜水果等经济作物种植，国家粮食补贴也向此倾斜，减少小麦种植补贴，增加经济作物生产补贴。

（四）农业生产主体

独立后，哈萨克斯坦在农业领域推行私有化，使私营农场和个体农户取代原来的国营农场和集体农庄。尤其是2003年的土地改革允许农民土地私有后，农民个体生产成为农业生产的主力军。另外，哈国土广阔，地势相对平坦（尤其是北部），适合大规模集约化作业，因此，哈农业企业数量众多，这是哈与其他中亚国家农业生产的主要区别之一。

依据是否具有法人地位，哈农业生产主体大体分为三大类：

一是农工企业，具有法人地位，采用公司化组织和管理形式；

二是居民个人的农业生产活动，无须登记注册，自给自足，属个人副业性质，满足自身生活需求。

三是农民个体生产经营者，不具有法人地位，但需在相关部门注册登记。

农民个体经济又可进一步分为"家庭经济"和"合伙经济"两类。农民家庭经济是以农民家庭为基本生产单位，以家庭共有财产和家庭成员为生产要素的个体生产经营形式。农民合伙经济则是在合伙合同约定基础上的普通合伙企业，财产为合伙成员共有，依照合同约定分配生产分工和劳动成果，可以是若干家庭联合，也可以一个家庭为主，联合若干个人。根据哈《农民家庭经济和合伙经济法》，农民个体生产经营者需在取得地块之后，在相关部门登记注册为个体户，注册时需声明生产经营形态（家庭经济或合伙经济）以及成员构成。

表23　　　　　哈萨克斯坦农用地统计（按所有权划分）　　（单位：万公顷）

	2012年	2016年	2016年各类土地比重（%）
农用地总面积	9342.82	10260.00	100
居民个人副业用地	6.61	7.11	0.07
农民个体生产用地	5093.52	6009.74	59
非国有农业法人用地	4098.58	4077.77	40
国有农业法人用地	144.11	165.47	2

资料来源：Агентство Республики Казахстан по статистике, Статистический сборник «Охрана окружающей среды и устойчивое развитие Казахстана 20012–2016», Астана 2012, 5 Земельные ресурсы. Статистический сборник «Охрана окружающей среды и устойчивое развитие Казахстана», Астана 2013, 5 Земельные ресурсы.

哈萨克斯坦最大的农工企业是100%国有的"哈萨克斯坦国家农工集团"（www.kazagro.kz），隶属于农业部，是哈政府2006年12月23日统一整合若干国有农工企业而来，统筹全国力量发展农业生产、改善农业基础设施、加强农业信贷融资、促进农产品出口、提高农业管理水平、增加就业等。

"农工集团"下辖7个子公司：粮食合同集团、哈萨克农产品集团、哈萨克农业市场公司、农业信贷集团、农业财政扶持基金、哈萨克农业担保公司、哈萨克农业金融公司。

粮食合同集团的主要职能是粮食（尤其是谷物）生产、销售、加工、进出口等。为加强国内农业生产，哈政府着手在粮食合同集团基础上组建"统一粮食集团"，负责规划粮食生产、维护粮食价格稳定、保障市场供应和储备。2013年6月15日，哈粮食合同集团与哈萨克斯坦农户协会签署合作协议，标志统一粮食集团开始实体性运作。之前，农民在粮食收割之后只能坐等政府收购（由粮食合同集团执行），风险自担，与粮食集团是购销合作关系；统一集团成立后，农民成为集团的一分子（股东），其生产和销售利润将在集团成员间分配。

哈萨克农产品集团的主要职能是组织肉、蛋、奶、毛、皮等畜牧产品生产和销售。其产品已销往俄罗斯、乌克兰、白俄罗斯、乌兹别克斯坦、吉尔吉斯斯坦、塔吉克斯坦、中国、阿联酋、土耳其、德国和意大利等国家，其中，与最大客户俄罗斯的合作商品主要有肉、肉制品和毛等，与白俄罗斯和乌克兰主要是毛，与中国主要是毛和皮，与欧洲国家主要是皮。该集团同美国的"全球牛肉投资者"公司（Global Beef Investors LLC）成立合资养殖（可达5000头肉牛）和育种基地（可达1000头），2010年运营，从美国引进良种肉牛，年产牛肉900吨。

为加强市场信息交流，哈建立了"粮食信息网"（www.kazakh-zerno.kz）和"哈萨克农工综合体网"（www.agroprom.kz），发布有关国内外粮食和农产品、农工企业等市场信息，为粮食生产和供销企业提供咨询服务。

表24　　　　　　　　哈萨克斯坦主要国有农业企业

哈萨克斯坦国家农工集团	АО НУХ КазАгро	www. kazagro. kz
农业信贷集团	АО «Аграрная кредитная корпорация»	www. agrocredit. kz
哈萨克农业金融公司	АО «КазАгроФинанс»	www. kaf. kz
粮食合同集团	АО «Национальная компания "Продовольственная контрактная корпорация"»	www. fcc. kz
哈萨克农产品集团	АО «КазАгроӨнім»	www. kazagroonim. kz
哈萨克农业市场公司	АО «Казагромаркетинг»	www. kam. kz
哈萨克农业担保公司	АО «Казагрогарант»	www. kazagrogarant. kz
农业财政扶持基金	АО «Фонд финансовой поддержки сельского хозяйства»	www. fad. kz
哈萨克农业创新集团	«КазАгро Инновация»	www. agroinnovations. kz
农业协会	Ассоциация «Агросоюз Казахстана»	

（五）粮食种植面积

哈独立后至今，从农作物种植总面积看，2001年前总体呈缩小趋势，2001年起转为增长，2010年后基本维持在2100万—2200万公顷水平（仅相当于1991年的60%），2016年为2147万公顷。

为增加本国农产品产量，哈从2012年起调整种植结构，减少粮食作物种植面积，增加经济作物种植面积。从各具体农作物看，粮食种植面积已从2012年的1626万公顷下降到2016年的1540万公顷（减少86万公顷），种植面积占农业种植总面积的比重从77%降到72%。同期饲料作物增长97万公顷（从252万到349万公顷），比重从12%增加到16%，油料作物增长18万公顷（从185万到203万公顷），比重从8.7%增加到9.5%，水果蔬菜面积从26.85万增加到29.88万公顷。

农作物种植结构的改变，一是因为市场开放，很多外国农产品进入哈国市场，形成不同比较优势；二是因为瓜果蔬菜等经济作物是农民增收的主要产品，扩大种植面积是增产和增收的必然结果；三是为减少肉类进口，哈积极发展畜牧业，为此扩大饲料作物种植面积。

在2012—2016年粮食种植面积中，小麦种植面积最大（1244万公顷），占粮食种植面积的81%，占农业种植总面积的58%。与此同时，为满足不同消费需求，粮食种植结构也在发生变化，即小麦面积总体下降，其他谷物和豆类则总体增长。

表25　　　　哈萨克斯坦农作物种植面积统计　　　（单位：万公顷）

	2012年	2013年	2014年	2015年	2016年
农业种植面积	2119.07	2127.10	2124.46	2102.29	2147.36
1. 谷物（含稻米）和豆类	1625.67	1587.76	1529.15	1498.22	1540.35
谷物（不含稻米）和豆类	1616.36	1578.77	1519.39	1488.35	1530.86
小麦	1346.40	1308.87	1238.76	1177.11	1243.70
玉米	10.15	10.85	12.63	13.90	13.53
大麦	183.93	187.55	203.16	211.90	190.19
黑麦	3.40	4.00	4.37	3.87	3.66
燕麦	18.08	22.26	20.57	21.30	21.13
荞麦	8.88	8.25	6.91	6.55	9.87
黍	4.62	5.77	6.19	5.14	5.59
豆类	14.63	10.60	6.69	8.88	17.23
未脱粒稻米	9.31	8.99	9.76	9.87	9.48

续表

	2012 年	2013 年	2014 年	2015 年	2016 年
2. 土豆	19.02	18.48	18.68	19.06	18.67
3. 油料作物	185.39	198.09	229.95	200.98	203.57
大豆	8.53	10.32	11.86	10.68	10.61
葵花子	79.46	87.74	84.61	74.07	80.75
红花籽	27.29	29.56	26.91	24.68	22.33
油菜籽	22.80	26.31	30.38	24.54	16.11
亚麻籽	41.94	41.01	70.88	63.09	63.36
4. 烟草	0.13	0.12	0.05	0.05	0.04
5. 甜菜	1.18	0.27	0.12	0.92	1.26
6. 饲料作物	251.74	286.68	310.99	349.71	348.52
饲料玉米	7.53	8.21	7.69	7.39	7.86
一年生青草	32.55	50.35	64.57	90.77	71.61
多年生青草	207.59	224.07	233.37	245.27	264.40
7. 棉花	14.78	14.06	12.76	9.93	10.96
8. 蔬菜	12.87	13.31	13.77	13.95	14.59
9. 瓜类	8.18	8.23	8.98	9.47	9.39
10. 多年生植物					
葡萄	1.48	1.39	1.46	1.46	1.46
有果核的植物	3.99	3.89	3.95	4.00	4.15
浆果	0.28	0.35	0.26	0.25	0.25
坚果	0.05	0.05	0.04	0.04	0.04

资料来源：Агентство Республики Казахстан по статистике, Статистический сборник 《Сельскоелесное и рыбное хозяйство в Республике Казахстан 2012 – 2016》, Астана 2017, Уточненная посевная площадь основных сельскохозяйственных культур。

（六）粮食生产

哈萨克斯坦是内陆国家，自然气候条件较好，耕地和牧场辽阔。农业在苏联时期已基本实现规模化和机械化。哈农业以种植业和畜牧业为主,二者通常分别占农业总产值的3/5和2/5,林业和渔业产值极低,可以忽略不计。制约哈农业发展的因素主要有:

第一,发展资金不足、贷款利率高。据哈萨克斯坦央行统计,哈商业银行农业贷款年利率为12%—16%,而其他行业的贷款利率只有10%—13%,农业领域的商业贷款利率高于其他领域,不仅增加农产品生产成本,也降低农业生产者投资农业和更新技术设备的积极性。

第二,种植业利润率远高于畜牧业,油料作物利润率高于谷物种植利润率。这也是哈畜牧业发展缓慢,需要依赖进口的主要原因。与此同时,受价格影响,哈居民禽肉消费比重总体增长。

表26　　　　　哈萨克斯坦农工企业利润率　　　　（单位:%）

	2012年	2013年	2014年	2015年	2016年
全国平均	24.8	17.5	28.2	28.5	36.1
种植业	29.7	22.4	35.3	38.7	46.6
谷物	29.2	22.6	39.2	39.0	47.3
土豆	29.4	21.3	30.6	35.5	30.5
葵花子	89.6	31.2	23.3	61.3	84.4
蔬菜	4.7	11.4	15.6	17.7	17.5
畜牧业	14.3	7.6	16.6	9.9	16.8
牛	1.3	9.4	11.0	8.8	9.8
羊	14.1	19.7	17.4	20.2	13.8
猪	9.2	1.1	18.0	1.5	10.5
奶	29.6	31.3	32.3	24.0	30.3

续表

	2012 年	2013 年	2014 年	2015 年	2016 年
蛋	15.9	9.7	7.6	8.8	23.8
毛	24.8	12.7	11.2	39.4	19.2

资料来源：Агентство Республики Казахстан по статистике, Статистический сборник «Сельскоелесное и рыбное хозяйство в Республике Казахстан 2012 – 2016», Астана 2017, 2.4. Уровень рентабельности (убыточности) производства отдельных видов сельскохозяйственной продукции в сельскохозяйственных предприятиях.

表27　　　　　哈萨克斯坦农产品生产成本统计　　（单位：坚戈/千克）

	2012 年	2013 年	2014 年	2015 年	2016 年
谷物和豆类	22.23	19.88	21.88	21.90	24.82
土豆	28.87	29.40	31.66	25.22	27.72
葵花子	31.85	34.45	38.63	45.14	52.44
瓜果蔬菜	33.67	61.05	53.74	47.05	66.73
牛	482.09	377.68	382.30	428.44	469.16
羊	407.97	353.76	326.62	336.06	383.65
猪	257.88	290.23	296.83	357.70	357.90
奶	59.67	60.24	72.06	75.06	74.89
蛋（枚）	10.86	11.35	11.17	10.47	12.72

资料来源：Агентство Республики Казахстан по статистике, Статистический сборник «Сельскоелесное и рыбное хозяйство в Республике Казахстан 2012 – 2016», Астана 2017, 2.5. Себестоимость 1 центнера реализованной продукции растениеводства в сельскохозяйственных предприятиях, стр. 33 – 37。

从实物总产量看，独立后，哈萨克斯坦粮食产量不稳定，受气候、耕作技术（化肥投入量）和耕种面积影响大，时高时低，大部分年份徘徊在1300万—1800万吨（2012—2016年年均1751万吨）。同期，油料作物、饲料作物、水果蔬菜的产量总体呈增长态势。甜菜种植面积和产量总体取决于制糖工业。

哈萨克斯坦粮食作物主要是小麦和大麦，小麦约占粮食总产量的80%，大麦约占11%。2012—2016年5年间年均作物产量分别是：小麦1310万吨，大麦247万吨，燕麦4万吨，食用玉米65万吨，食用大豆10万吨，稻米39万吨。此外，土豆339万吨，油料作物149万吨。

从单位产量看，伴随科技进步，哈大部分农作物的单位产量均超过苏联时期的历史最高水平，但仍远低于中国和世界主要粮食大国。2012—2016年，每公顷农作物产量平均是：小麦1072千克，大麦5344千克，黑麦1098千克，玉米804千克，食用豆类880千克，荞麦1314千克，黍米832千克，土豆18152千克。可以说，哈国农业增产的着力点放在经济作物上（单产增幅较大），谷物单产水平虽有较大幅增长，但总体上仍很低（小麦亩产143斤，约是中国的1/3），未来增长空间很大。

哈萨克斯坦北部（尤其是北哈萨克斯坦州、阿克莫拉州、科斯塔奈州、东哈萨克斯坦州）是粮食作物、饲料作物和油料作物的主产区。2018年哈种植面积共2200万公顷，主要是粮食作物、饲料作物和油料作物，蔬菜瓜果等只有50万公顷。

粮食作物1510万公顷（占总种植面积的69%）。其中阿克莫拉州430万公顷（占29%），科斯塔奈州410万公顷（占27%），北哈萨克斯坦州280万公顷（占19%）。

饲料作物340万公顷（占16%）。其中科斯塔奈州60万公顷（占19%），北哈萨克斯坦州40万公顷（占12%），阿克莫拉州40万公顷（占11%），东哈萨克斯坦州30万公顷（占8%）。

油料作物280万公顷（占13%）。其中北哈萨克斯坦州100万公顷（占34%），科斯塔奈州40万公顷（占15%），东哈萨克斯坦州40万公顷（占16%）。

表28　哈萨克斯坦农业产量（按实际产量）　（单位：万吨）

年份	粮食	油料作物	土豆	蔬菜	瓜果	甜菜
1990	2848	22	232	113	30	104
1995	950	16	171	77	16	37
2000	1156	14	169	154	42	27
2005	1378	43	252	216	68	31
2010	1218	77	255	257	111	15
2015	1867	155	352	356	209	17
2016	2063	190	355	380	207	35

注：粮食作物包括谷物、大米和食用豆类。

表29　哈萨克斯坦粮食和油料作物产量统计　（单位：万吨）

	2012年	2013年	2014年	2015年	2016年	2012—2016年年均
1. 谷物总产量（含稻米）	1286	1823	1716	1867	2063	1751
2. 谷物总产量（不含稻米）	1251	1789	1679	1825	2019	1712
小麦	984	1394	1300	1375	1499	1310
大麦	149	254	241	268	323	247
荞麦	15	30	23	24	34	25
黑麦	3	4	6	4	4	4
荞麦	5	8	5	5	9	6
粮食玉米	52	57	66	73	76	65
黍米	2	5	3	3	6	4
豆类	8	7	5	9	22	10
未脱粒稻米	35	34	38	42	45	39
3. 土豆	313	334	341	352	355	339
4. 油料作物	98	150	155	155	190	149
大豆	17	20	22	22	23	21
葵花子	40	57	51	53	75	55
红花籽	13	17	14	15	17	15

续表

	2012年	2013年	2014年	2015年	2016年	2012—2016年年均
油菜籽	12	24	24	14	17	18
亚麻籽	16	30	42	49	56	39
5. 烟草	0.28	0.27	0.16	0.14	0.10	0.19
6. 甜菜	15	6	2	17	35	15
7. 棉花	38	40	32	27	29	33
8. 蔬菜	306	324	347	356	380	343
9. 瓜类	165	171	193	209	207	189
10. 葡萄	7	7	7	6	8	7
11. 有果核的植物	19	19	21	20	24	20
12. 浆果	2	2	2	2	2	2
13. 坚果	0.23	0.23	0.22	0.06	0.11	0.17

资料来源：Агентство Республики Казахстан по статистике, Статистический сборник 《Сельское лесное и рыбное хозяйство в Республике Казахстан 2012 – 2016》, Астана 2017, 3.49 Валовой сбор основных сельскохозяйственных культур, стр. 89。

表30　　哈萨克斯坦粮食和油料作物单产统计　（单位：千克/公顷）

	2012年	2013年	2014年	2015年	2016年	2012—2016年年均	2012—2016年年均（斤/亩）
1. 谷物总产量（含稻米）	860	1160	1170	1270	1350	1162	155
2. 谷物总产量（不含稻米）	840	1150	1150	1250	1330	1144	153
小麦	790	1080	1090	1190	1210	1072	143
玉米	5190	5280	5280	5330	5640	5344	713
大麦	910	1380	1260	1310	1710	1314	175
荞麦	890	1100	1390	980	1130	1098	146
黑麦	890	1380	1180	1190	1600	1248	166
荞麦	630	1030	720	730	910	804	107
黍米	640	1000	630	790	1100	832	111

续表

	2012年	2013年	2014年	2015年	2016年	2012—2016年年均	2012—2016年年均（斤/亩）
豆类	560	730	800	990	1320	880	117
未脱粒稻米	3770	3850	3960	4280	4750	4122	550
3. 土豆	16590	18150	18430	18550	19040	18152	2420
4. 油料作物	610	800	780	810	960	792	106
大豆	2010	1970	1870	2080	2180	2022	270
葵花子	590	700	670	760	930	730	97
红花籽	520	630	540	630	750	614	82
油菜籽	580	950	990	630	1050	840	112
亚麻籽	430	770	760	790	890	728	97
5. 烟草	2180	2260	2960	3040	2830	2654	354
6. 甜菜	16820	26770	24060	23250	28550	23890	3185
7. 棉花	2620	2870	2510	2780	2620	2680	357
8. 蔬菜	23400	23870	24300	24580	25000	24230	3231
9. 瓜类	20680	21240	21710	22100	22140	21574	2877
10. 葡萄	5800	6080	5800	4930	6080	5738	765
11. 有果核的植物	5710	6210	6500	5900	7070	6278	837
12. 浆果	7270	7500	8020	8160	8150	7820	1043
13. 坚果	5850	5620	5900	1480	3060	4382	584

资料来源：Агентство Республики Казахстан по статистике, Статистический сборник «Сельское лесное и рыбное хозяйство в Республике Казахстан 2012 – 2016», Астана 2017, 3.69 Урожайность отдельных сельскохозяйственных культур。

（七）粮食消费

据哈萨克斯坦国家统计局数据，哈职工月均工资水平通常是居民人均月收入的一倍左右。2016年全国居民月均收入是

7.6575 万坚戈。从每月人均食品消费结构看，伴随收入增长和品种丰富，哈居民的膳食结构不断改善，与 2000—2010 年相比，2012—2016 年蛋白质摄入量增加，营养水平进一步提高。其中谷物、土豆、蔬菜、奶的月均消费基本维持原来水平，谷物（面包、面粉、大米、通心粉等）约 9.7 千克，纯奶 3.8 升，蔬菜约 7.3 千克，土豆 4.1 千克。与此同时，畜牧产品消费量总体上升，其中肉（牛、羊、猪、鸡）4.1 千克，鱼及其产品 0.9 千克，鸡蛋 13 枚，水果 5.1 千克。

表 31　　　　哈萨克斯坦人均食品消费　　　　（单位：千克/年）

	2012 年	2013 年	2014 年	2015 年	2016 年	2012—2016 年年均消费量
食品支出比重（%）	47.0	46.6	46.7	48.4	49.3	47.6
非食品支出比重（%）	30.9	30.8	30.4	27.8	27.2	29.42
服务支出比重（%）	22.1	22.6	22.9	23.8	23.5	22.98
小麦面包	53.9	53.1	52.6	55.0	56.2	54.16
小麦面粉	22.6	22.6	23.3	24.0	24.7	23.44
大米	15.1	15.2	15.5	15.7	15.4	15.38
通心粉	23.5	24.0	24.4	24.2	23.7	23.96
土豆	48.7	48.7	48.5	48.5	48.6	48.6
蔬菜	86.3	87.8	86.6	90.2	89.3	88.04
水果	59.4	60.8	60.8	64.4	61.4	61.36
牛肉	20.9	22.2	23.7	25.0	24.5	23.26
羊肉	6.6	6.9	6.7	6.9	6.8	6.78
猪肉	3.2	3.5	3.0	3.1	3.0	3.16
鸡肉	14.9	15.1	15.1	15.7	14.8	15.12
香肠	8.1	8.2	8.1	8.3	8.3	8.2
纯奶（升）	46.9	45.7	46.3	46.2	45.5	46.12
酸奶油和凝乳	3.9	4.3	4.3	4.6	4.9	4.4
糖	20.7	20.9	20.9	21.5	20.7	20.94

续表

	2012 年	2013 年	2014 年	2015 年	2016 年	2012—2016 年年均消费量
鱼和鱼罐头	10.5	10.6	10.9	11.1	10.7	10.76
鸡蛋（枚）	155.8	158.1	157.7	164.0	164.7	160.06
茶	2.3	2.3	2.3	2.4	2.4	2.34

资料来源：Агентство Республики Казахстан по статистике, Статистический сборник «Уровень жизни населения в Казахстане 2012 – 2016», 3.19 Потребление населением продуктов питания。

表 32　　哈萨克斯坦人均月收入的购买力

	2012 年	2013 年	2014 年	2015 年	2016 年
牛肉（千克）	29	30	33	35	37
半处理的鸡（千克）	62	63	67	66	66
熏肠（千克）	31	31	32	32	30
动物油（升）	26	26	27	30	28
植物油（升）	110	118	135	133	103
纯奶（升）	279	280	289	267	260
鸡蛋（枚）	1780	1800	1930	2090	1780
糖（千克）	206	230	229	225	178
一等小麦加工的面包（千克）	416	434	470	437	386
土豆（千克）	494	430	406	454	518
苹果（千克）	133	134	141	138	129

资料来源：Агентство Республики Казахстан по статистике, Казахстан в цифрах, Уровень жизни населения, Статистический сборник «Уровень жизни населения в Казахстане 2012 – 2016», 3.8 Покупательная способность среднедушевых денежных доходов。

表33　哈萨克斯坦生活水平指数

	2012年	2013年	2014年	2015年	2016年
总人口（万人，年底）	1691	1716	1742	1767	1792
GDP（亿坚戈）	310152	359990	396758	408841	469712
人均GDP（美元）	12387	13891	12807	10509	7714
财政收入（亿坚戈）	5813.0	6382.4	7321.3	7634.8	9308.5
财政收入占GDP比重（%）	18.7	17.7	18.5	18.7	19.8
财政支出（亿坚戈）	62690	68527	77919	82271	94337
财政支出占GDP比重（%）	20.2	19.0	19.6	20.1	20.1
财政赤字（亿坚戈）	-8903	-7009	-10867	-9157	-7377
财政赤字占GDP比重（%）	-2.9	-1.9	-2.7	-2.2	-1.6
全国平均最低生活保障线（菜篮子法，坚戈）	16815	17789	19068	19647	21612
收入低于最低生活保障线的居民比重（%）	3.8	2.9	2.8	2.7	2.6
食品菜篮子价格（坚戈）	10089	10674	11441	11788	12967
收入低于食品菜篮子价格的居民比重（%）	0.2	0.1	0.1	0.1	0.1
最低工资标准（坚戈）	17439	18660	19966	21364	22859
最低退休金标准（坚戈）	17491	19066	21736	23692	25824
月均退休金（坚戈，年底）	29644	31918	36068	38933	42476
居民名义人均月收入（坚戈）	51860	56453	62271	67321	76575
实际收入增长率（%）	107.5	102.9	103.4	101.4	99.3
居民月均家庭支出（坚戈）	31886	34796	37131	38502	41847

资料来源：Агентство Республики Казахстан по статистике，Казахстан в цифрах，Уровень жизни населения，Статистический сборник 《Уровень жизни населения в Казахстане 2012－2016》，1 Основные индикаторы уровня жизни населения．3 Характеристика домохозяйств．Доходы，расходы и потребление населения。

哈是一个粮食生产大国和粮食出口国，2012—2016年每年粮食产量1300万—2100万吨，谷物消费量1200万—1300万吨，其中用于饲料和种子500万—700万吨，工业加工500万—700

万吨,居民消费30万—40万吨,粮食储备和库存基本保持在1400万—1500万吨,出口500万—800万吨(其中面粉约200万吨,三等小麦的筋度通常达到23%—28%)。

截至2012年年初,哈萨克斯坦粮库总库容约2250万吨,其中有登记许可的粮库223座,总库容1350万吨,不具有许可证的粮库总库容约890万吨。另外,境内还有磨坊、作坊等可储存150万—200万吨粮食。大部分粮库都处于不饱和状态,被100%利用的粮库很少,阿克莫拉州32座粮库中只有11座,科斯塔奈州31座粮库中只有16座,阿克纠宾斯克州、东哈萨克斯坦州、阿拉木图州、江布尔州、西哈萨克斯坦州则一座没有。总体上,哈粮食仓储能力能够满足国内需求,粮食生产和流通领域的主要问题不是仓储不足,而是运力不足,缺少粮食专用车辆和车厢,以及港口和铁路运力紧张,在很大程度上制约哈粮食出口。

表34　　　　哈萨克斯坦粮食生产和消费统计　　　　(单位:万吨)

	2012年	2013年	2014年	2015年	2016年	2012—2016年年均
上年库存	2069	1366	1372	1315	1380	1500
产量	1286	1823	1716	1867	2063	1751
进口	10	6	8	15	6	9
粮食总供应量	3366	3195	3096	3198	3449	3261
生产需求	570	578	579	646	655	606
饲料	315	327	337	398	408	357
种子	255	252	242	248	247	249
粮食加工	503	501	503	495	521	505
其他工业用途	78	104	114	120	120	107
损失	39	66	50	83	90	66
出口	779	543	503	440	548	563
居民消费	31	32	33	33	34	33

续表

	2012 年	2013 年	2014 年	2015 年	2016 年	2012—2016 年年均
人均消费（千克/年）	18.7	18.8	18.8	19.0	19.2	19
年底库存	1366	1372	1315	1380	1482	1383

资料来源：Агентство Республики Казахстан по статистике Статистический сборник 《Сельское лесное и рыбное хозяйство в Республике Казахстан 2012 – 2016》 Астана 2017，5. Ресурсы и использование основных видов сельскохозяйственной продукции。

表35　　　　　　　　哈萨克斯坦粮食加工品统计　　　　　　　（单位：万吨）

	2012 年	2013 年	2014 年	2015 年	2016 年
上年库存	64	60	77	84	80
产量	416	407	409	396	421
进口	11	12	9	14	11
粮食总供应量	492	479	495	493	512
生产需求	38	38	39	40	42
损失	3	3	10	5	3
出口	226	192	187	186	246
居民消费	165	170	175	182	185
人均消费（千克/年）	98.2	99.7	101.1	104.0	104.1
年底库存	60	77	84	80	36

资料来源：Агентство Республики Казахстан по статистике Статистический сборник《Сельскоелесное и рыбное хозяйство в Республике Казахстан 2012 – 2016》 Астана 2017，5. Ресурсы и использование основных видов сельскохозяйственной продукции。

表36　　　　　　　哈萨克斯坦土豆生产和消费统计　　　　　　（单位：万吨）

	2012 年	2013 年	2014 年	2015 年	2016 年
上年库存	188	195	208	213	226
产量	313	334	341	352	355

续表

	2012年	2013年	2014年	2015年	2016年
进口	9	15	9	15	11
粮食总供应量	511	544	558	580	592
生产需求	78	76	77	80	82
饲料	38	38	40	42	44
种子	40	37	37	38	38
损失	51	71	77	80	81
出口	1	1	1	0	5
居民消费	186	188	190	194	197
人均消费（千克/年）	110.8	110.6	110.2	110.6	110.9
年底库存	195	208	213	226	227

表37　哈萨克斯坦食品全国年均批发价格　（单位：坚戈）

	单位	2013年	2014年	2015年	2016年	2017年
土豆	千克	78	88	71	90	133
豌豆罐头	千克	346	385	340	483	548
蘑菇罐头	千克	492	545	623	1058	954
橄榄	千克	769	842	952	1209	1363
玉米罐头	千克	395	361	594	748	664
牛肉	千克	1554	1295	1132	1245	1149
鸡肉	千克	450	503	571	679	682
香肠	千克	810	893	926	1143	1198
半熏香肠	千克	1103	1123	1367	1279	1551
肉罐头	千克	844	951	1020	1084	1259
奶	升	201	230	206	240	248
凝乳	千克	1341	1518	1502	1661	1948
奶渣	千克	776	845	1112	1423	1480
硬奶酪	千克	1291	1521	1714	1908	2206
软奶酪	千克	1249	1295	1333	1637	1840
乳酸饮料	千克	406	445	446	567	688

续表

	单位	2013年	2014年	2015年	2016年	2017年
酸奶	升	208	230	214	223	254
酸奶油	千克	614	710	797	803	980
蛋	10枚	208	172	199	221	220
橄榄油	升	1841	2087	2822	3468	3491
葵花子油	升	263	269	326	379	368
玉米油	千克	292	325	332	430	x
人造奶油	千克	342	339	367	427	425
大米	千克	179	221	282	432	251
小麦面粉	千克	75	94	129	118	117
碎麦米	千克	153	159	204	193	177
小麦米	千克	120	126	177	276	269
荞麦米	千克	216	228	259	604	183
通心粉	千克	222	237	297	300	244
沙拉酱	千克	393	354	356	406	391

资料来源：Министерство национальной экономики Республики Казахстан Комитет по статистике, Статистический сборник «Цены оптовой и внешней торговли в Республике Казахстан», Астана 2018, 2.8 Цены оптовых продаж на продовольственные товары。

表38　哈萨克斯坦粮食库存（截至2018年9月1日）　　（单位：吨）

	粮食库存总计	粮站	面粉企业	农产品贸易商
阿克莫拉州	127.5017	79.4661	0.7211	47.3145
阿克纠宾斯克州	18.4007	3.4717	0.1854	14.7436
阿拉木图州	31.1438			31.1438
阿特劳州	1.1002			1.1002
东哈萨克斯坦州	32.6305	6.8240	15.5289	10.2776
江布尔州	15.6981	—	0.3017	15.3964

续表

	粮食库存总计	粮站	面粉企业	农产品贸易商
西哈萨克斯坦州	14.5357	10.5535	—	3.9822
卡拉干达州	19.3291	2.0863	2.7709	14.4719
克孜勒奥尔达州	2.1261	—	—	2.1261
科斯塔奈州	142.1057	46.5309	3.7488	91.8260
曼吉斯套州	0.2752	0.2752	—	—
巴甫洛达尔州	13.8628	3.1743	1.0499	9.6386
北哈萨克斯坦州	121.2873	61.5408	58.5413	1.2052
图尔克斯坦州	17.0665	—	7.7349	9.3316
阿拉木图市	0.1031	—	0.1031	—
全国总计	557.1665	213.9228	90.6860	252.5577

注：在全国 557.17 万吨库存中，含有粮食 455.28 万吨（其中小麦 182.03 万吨），种子 16.87 万吨，饲料 85.02 万吨。

（八）粮食进出口

哈萨克斯坦的小麦筋度高，很受国际市场欢迎。独联体是最主要市场，其次是近东、北非和欧洲。据哈萨克斯坦《2013—2020 年农业发展纲要》规划，哈萨克斯坦力争部分农产品产量 2020 年达到以下目标[①]：

第一，继续保持世界主要小麦出口国地位，未来压力主要来自哈萨克斯坦小麦传统出口对象国不断增加本国小麦种植，哈萨克斯坦需提高小麦深加工，由简单地出口小麦转为出口高

---

① Постановление Правительства Республики Казахстан от 18 февраля 2013 года № 151 «Программа по развитию агропромышленного комплекса в Республике Казахстан на 2013 – 2020 годы», «Агробизнес – 2020», 3.1. Целевые внутренние и внешние рынки сбыта продукции агропромышленного комплекса РК.

等级面粉（预计2020年达到30万—50万吨）。同时争取大米出口达到10万吨。

第二，苹果生产60万吨（其中40万吨用于深加工）。争取对俄苹果出口达到40万吨，维护在俄东部水果市场的优势地位。

第三，蔬菜100%满足国内需求，本国深加工（如罐头）能力达到8.5万吨，出口30万吨。

第四，玉米生产达到100万吨，满足本国饲料工业需求，并开拓伊朗市场。

第五，油菜籽生产争取达到50万吨，并力争对欧盟出口7万吨。

第六，大豆产量3.5万吨，满足国内需求。

第七，国产牛肉50万吨（其中对俄出口牛肉6万吨）、羊肉20万吨，马肉12万吨，肉制品16万吨（本国需求约20万吨，其中香肠11.5万吨）。

第八，奶及其制品本国生产150万吨（市场需求约160万吨）。

除通往俄罗斯和中国的铁路外，哈萨克斯坦加大力气建设里海的阿克套港粮食码头，提高里海海运能力。在高加索方向，哈萨克斯坦粮食合同集团与阿塞拜疆"Planet－L"公司各出资50%在巴库成立"巴库粮食码头"公司，建设专门的粮食码头和面粉厂（分别于2007年和2009年投入使用），每年可运输粮食35万吨（2012年只有2.7787万吨），生产面粉50万吨。在波斯湾方向，哈萨克斯坦粮食合同集团同伊朗企业在伊朗里海港口阿米拉巴德港（萨里市东北部约50千米）各出资50%成立"阿米拉巴德粮食码头公司"，可年运输粮食70万吨，储存约5万吨。

表39　　　　　　　　　哈萨克斯坦粮食出口统计　　　　　　（单位：万吨）

	2012年	2013年	2014年	2015年	2016年	2017年
粮食	787.6	526.8	501.4	459.9	545.5	576.3
面粉	224.5	185.9	184.4	174.2	219.7	213.0
粮食出口总计（面粉折合成原粮计算）	1108.4	792.3	764.8	708.8	859.4	880.6
年度（当年7月1日至来年6月30日）	2012/2013	2013/2014	2014/2015	2015/2016	2016/2017	2017/2018
粮食出口	473.3	581.4	405.1	542.1	529.2	732.6
面粉出口	170.5	200.6	167.5	206.4	207.2	224.4
粮食出口总计（面粉折合成原粮计算）	716.9	868.0	644.4	836.9	825.2	1053.2
面粉出口（折合成原粮）占年度粮食出口的比重（%）	34.0	33.0	37.1	35.2	35.9	30.4

资料来源：哈萨克斯坦农业部，Экспорт зерна，Информация по отгрузке зерна и муки на экспорт за 2008 - 2018 годы，http：//mgov.kz/ru/o-deyatel-nosti/rastenievodstvo/#SID995_ 2_ tgl。

表40　　　　哈萨克斯坦2018年8月小麦出口销售价格（单位：美元/吨）

车站名称	三等小麦（筋度）		四等小麦	大麦	面粉			供货条件
	23%—24%	27%—30%		二等	特等	一等	二等	
彼得罗巴甫洛夫斯克车站（ЮУЖД）ст. Петропавловск（哈萨克斯坦东北部）	152—157	159—164	145—150	144—149	253—258	229—234	204—209	DAP
托博尔车站 ст. Тобол（哈萨克斯坦北部的科斯塔奈州，与俄罗斯车里雅宾斯克较近）	164—169	167—172	157—162	156—161	262—267	234—239	211—216	DAP
阿克套港 порт Актау（哈萨克斯坦西部的里海港口）	182—187	188—193	175—180	174—179	279—284	254—259	231—236	FOB

续表

车站名称	三等小麦（筋度）		四等小麦	大麦	面粉			供货条件
	23%—24%	27%—30%		二等	特等	一等	二等	
萨雷阿加什车站 ст. Сары-агаш（哈萨克斯坦，与乌兹别克斯坦交界处）	171—176	177—182	168—173	167—172	264—269	240—245	216—221	DAP
卢卡瓦亚车站 ст. Луговая（哈萨克斯坦，与吉尔吉斯斯坦交界处）	170—175	178—183	165—170	163—168	261—266	237—242	212—217	DAP
别卡巴德车站 ст. Бекабад（乌兹别克斯坦，与塔吉克斯坦邻近）	191—196	200—205	187—192	186—191	289—294	264—269	251—246	CPT
海拉通车站 ст. Хайратон（乌兹别克斯坦，与阿富汗交界处）	240—245	243—248	233—238	232—238	322—327	310—315	275—280	CPT
库杜克林车站 ст. Кудукли（塔吉克斯坦，与乌兹别克斯坦交界处）	243—248	245—250	238—243	237—242	329—334	305—310	281—286	CPT
萨拉赫斯车站 ст. Сарахс（土库曼斯坦，与伊朗交界处）	206—211	209—214	195—200	194—199	293—298	267—272	263—268	

注：1 美元 = 363.4 坚戈，1 欧元 = 424.1 坚戈，1 卢布 = 5.35 坚戈。

资料来源：《Обернется ли тяжелое зерно этого года такой же обильной прибылью?》，http：//www.kazakh-zerno.kz/2604-glavnaya/glavnaya/235100-eksportnye-tseny-na-zernovye-kultury-i-muku-v-dollarakh-za-tonnu-v-t-ch-nds-0-franko-elevator。

表41　　　　　　　　　　哈萨克斯坦主要农产品出口统计

序号		2012年		2013年		2014年		2015年		2016年	
		数量	价值（万美元）	数量	价值（万美元）	数量	价值（万美元）	数量	价值（万美元）	数量	价值（万美元）
0201—0208	肉及其制品（吨）	1604	409	3020	816	8921	2454	11922	2299	12479	1994
	独联体国家	1604	409	3020	816	8910	2448	11801	2291	12385	1989
	白俄罗斯					11	2				
	吉尔吉斯斯坦	10	3			132	11	744	116	2641	346
	俄罗斯	1593	406	3001	815	8738	2431	10999	2164	8943	1546
	塔吉克斯坦			19	1			20	2	744	87
	乌兹别克斯坦					30	5	38	8	57	10
	世界其他国家					11	6	121	8	95	6
	越南									2	
	卡塔尔					11	6				
	中国							37	1	91	4
	科威特									1	
	立陶宛							84	7		
	阿联酋									1	1
1001	小麦（吨）	7384224	158071	5100187	125394	4208210	96007	3635883	68874	4504228	69409
	独联体国家	3400397	66757	3831519	91072	2927130	61568	3029963	54337	3442126	48731
	阿塞拜疆	1040182	21845	931143	24895	439522	10293	99090	1934	47534	909
	白俄罗斯	49508	1146	19736	628						
	吉尔吉斯斯坦	444414	9348	339499	7834	461057	9949	361879	6131	247167	3919
	俄罗斯	506620	9482	1138377	29530	328292	8011	394089	7176	455450	7179

续表

序号		2012年		2013年		2014年		2015年		2016年	
		数量	价值（万美元）	数量	价值（万美元）	数量	价值（万美元）	数量	价值（万美元）	数量	价值（万美元）
	塔吉克斯坦	748553	15787	654632	16096	744766	17909	852365	18405	1019486	16538
	乌兹别克斯坦	611121	9150	748132	12088	953492	15407	1322542	20692	1672490	20186
	世界其他国家	3983827	91314	1268668	34322	1281080	34439	605919	14537	1062102	20678
	阿尔巴尼亚	6549	142								
	阿富汗	54877	1188	33524	698	36519	812	140386	2479	252865	3833
	比利时					150	8				
	维尔京群岛	2658	80								
	越南	4000	90								
	德国	74865	1655	25000	544	66298	1656	2010	86	21	1
	希腊	100791	2595	3000	83						
	格鲁吉亚	440010	10038	172697	4609	29450	799	2085	42		
	埃及	144401	3315								
	也门	337557	7972								
	约旦	24204	581								
	伊朗	627231	15157	615537	16498	696639	18202	186590	4121	227688	3795
	西班牙	14924	336								
	意大利	63114	1894			21733	811	62944	2350	156165	4238
	中国	199293	4264	124357	3415	213958	5813	128672	3018	281166	5245
	拉脱维亚	15000	388	2820	99	1070	44	7431	257		
	黎巴嫩			8000	221						
	利比亚	15706	326								
	立陶宛	77190	1442								

续表

序号		2012年		2013年		2014年		2015年		2016年	
		数量	价值（万美元）	数量	价值（万美元）	数量	价值（万美元）	数量	价值（万美元）	数量	价值（万美元）
	马来西亚	353	11								
	荷兰	2275	93	445	12	40	1			9999	171
	挪威	1360	25			6000	158	2800	70	2800	70
	阿联酋	309977	6849	16841	372	13194	319			1000	17
	波兰	11042	356	5500	210	15745	583	9622	405	15115	412
	葡萄牙	5470	164								
	韩国										
	英国	31489	1005							4560	88
	苏丹	345968	8155			54571	1446				
	美国									5000	104
	突尼斯									5210	156
	土耳其	986674	21132	177112	5033	67216	1948	53285	1302	61399	1262
	芬兰					270	12	1270	62	3525	97
	瑞典	86851	2063	83835	2530	58227	1826	8824	344	35588	1190
	日本			0							
1003	大麦（吨）	322127	7129	246090	6033	711291	14276	632574	10437	780802	10908
	独联体国家	76235	1126	78239	1537	142579	2182	50344	626	99892	994
	阿塞拜疆	10018	186	20767	462	10347	198				
	吉尔吉斯斯坦	15505	206	1828	34	3318	33	3603	39		
	俄罗斯	440	5	36446	704	83093	1319	8529	79	70639	673
	塔吉克斯坦	13091	190	1949	29	11153	173	2212	32	266	3
	土库曼斯坦									130	3
	乌兹别克斯坦	37181	539	17250	308	34669	460	35999	476	28857	315

续表

序号		2012年		2013年		2014年		2015年		2016年	
		数量	价值（万美元）	数量	价值（万美元）	数量	价值（万美元）	数量	价值（万美元）	数量	价值（万美元）
	世界其他国家	245892	6003	167851	4496	568712	12094	582230	9810	680910	9914
	阿富汗	3563	69			9314	192	8946	137	16378	186
	德国							0		6136	80
	格鲁吉亚	148	2	1802	35	1000	20				
	以色列			2948	61	1300	26				
	约旦			15390	323	71656	1505				
	伊朗	242181	5932	121644	3513	468943	10103	573284	9673	632294	9275
	利比亚			24267	510	12559	167				
	阿联酋			1800	54						
	沙特					3939	83				
	美国									23300	331
	土耳其									2802	43
1006	大米（吨）	46075	1562	53593	2082	51874	2134	66442	3102	69312	1641
	独联体国家	45947	1558	53480	2078	51874	2134	66425	3101	68710	1624
	阿塞拜疆	192	5	512	15			338	21	399	6
	吉尔吉斯斯坦	13356	455	12499	452	9831	404	7514	284	2071	50
	俄罗斯	19705	491	21584	548	21497	616	20443	606	26893	477
	塔吉克斯坦	5326	220	10693	495	15861	784	12029	529	31054	847
	土库曼斯坦	4873	335	7852	557	1080	83	2932	172	2935	151
	乌兹别克斯坦	2495	53			3413	239	23168	1489	1354	21
	乌克兰			340	12	192	7			4004	72
	世界其他国家	128	4	113	4			16	1	602	18

续表

序号		2012年		2013年		2014年		2015年		2016年	
		数量	价值（万美元）	数量	价值（万美元）	数量	价值（万美元）	数量	价值（万美元）	数量	价值（万美元）
	阿富汗	128	4							399	6
	德国										
	中国									3	
	蒙古国			3				16	1	196	11
	阿联酋									0	
	美国									4	1
	土耳其			110	4						
1101	小麦面粉（吨）	2218563	60063	1875851	58023	1844840	56160	1822669	49372	2394277	50511
	独联体国家	1702847	42562	1447290	43134	1203387	33714	1037886	26113	913065	17038
	阿塞拜疆	834	23	40	2	204	11	68	3		
	亚美尼亚			1				49	2		
	白俄罗斯	20	1								
	吉尔吉斯斯坦	111513	2873	133671	3890	51413	1392	44660	1071	53714	993
	摩尔多瓦	1321	58	961	57	1239	66	1188	50	1564	71
	俄罗斯	4488	129	44954	1632	16712	525	4287	111	6887	149
	塔吉克斯坦	299221	8494	231667	7860	181245	6202	136993	4245	90302	1998
	土库曼斯坦	63393	2418	52078	2388	54605	2347	32524	1257	36398	1129
	乌兹别克斯坦	1222059	28567	983918	27305	897970	23171	818117	19375	724200	12698
	世界其他国家	515716	17501	428562	14889	641453	22446	784783	23260	1481212	33473
	阿富汗	506788	17141	420564	14473	634985	22163	778676	23065	1462695	32977
	德国										
	格鲁吉亚	50	4	1199	56	171	10	404	12	204	4
	伊拉克	20	1							256	7

续表

序号		2012 年		2013 年		2014 年		2015 年		2016 年	
		数量	价值（万美元）	数量	价值（万美元）	数量	价值（万美元）	数量	价值（万美元）	数量	价值（万美元）
	伊朗									67	1
	中国	60	2			810	42	1918	74	12781	334
	朝鲜	780	38								
	蒙古国	7962	315	6799	360	5427	229	3785	108	5074	146
	荷兰					20	1				
	阿联酋					40	1			136	4
	韩国	57	2								

资料来源：Министерства национальной экономики Республики Казахстан Комитет по статистике, Статистический сборник «Внешняя торговля Республики Казахстан 2012–2016», Астана 2017, 1.9 Экспорт отдельных товаров (занимающих наибольший удельный вес в общем объеме экспорта) в разрезе основных торговых партнеров。

表 42　　　　　　哈萨克斯坦主要农产品进口统计

序号		2012 年		2013 年		2014 年		2015 年		2016 年	
		数量	价值（万美元）	数量	价值（万美元）	数量	价值（万美元）	数量	价值（万美元）	数量	价值（万美元）
0201—0208	肉及其制品	250296	34786	219200	30334	191688	24396	187497	19856	180725	16050
	独联体国家	55307	12596	57681	12623	41949	8069	51047	7502	51104	6592
	白俄罗斯	5686	2256	7287	2537	3213	1130	3616	933	2229	374
	吉尔吉斯斯坦									23	

续表

序号	2012年		2013年		2014年		2015年		2016年	
	数量	价值（万美元）	数量	价值（万美元）	数量	价值（万美元）	数量	价值（万美元）	数量	价值（万美元）
俄罗斯	27652	5889	30613	6510	19594	3652	30427	4133	27336	3590
乌克兰	21952	4444	19780	3576	19142	3287	17004	2437	21517	2627
世界其他国家	194989	22190	161520	17711	149739	16327	136450	12353	129621	9458
澳大利亚	3627	622	4417	638	1410	199	57	27	3	4
奥地利	20	3	222	34	20	8				
阿根廷	2072	366	2706	559	2168	368	1276	265	491	70
比利时	1295	146	1860	214	2140	230	1120	86	2397	175
保加利亚	1715	483	1113	397	2023	687	1484	479	263	55
巴西	4411	838	5684	630	6726	906	1718	290	380	36
匈牙利			530	109	1405	78	908	48	1030	106
德国	554	106	924	88	326	52	1531	181	597	65
格鲁吉亚	265	28								
丹麦	868	146	340	73	134	32	57	13	115	12
冰岛	50	12	235	71	337	114	132	41	39	7
西班牙	1007	187			73	10	129	16		
意大利	389	95	267	48	87	24	25	3	176	30
加拿大	7115	1881	4255	1047	4670	1236	1028	228		

续表

序号		2012年		2013年		2014年		2015年		2016年	
		数量	价值（万美元）	数量	价值（万美元）	数量	价值（万美元）	数量	价值（万美元）	数量	价值（万美元）
	中国	83	17	20	4			20	9		
	哥伦比亚							401	45	155	17
	立陶宛	1749	196	221	33	320	35	567	40	463	28
	墨西哥	100	7	214	19			43	10		
	蒙古国	458	138	48	15					11	1
	荷兰	275	43	1038	121	41	5				
	新西兰	71	8	118	13	7	12	4	5		
	巴拉圭	2435	622	2594	437	2348	383	3599	373	1611	187
	波兰	7095	1594	8335	2062	5224	1328	3888	832	2706	424
	美国	156466	13758	124375	10612	119449	10409	117223	9117	118328	8171
	乌拉圭	2752	878	1571	424	684	199	766	192	216	46
	法国	117	20	237	43	60	7	79	5	461	18
1001	小麦（吨）	23947	318	1290	71	11416	239	62394	1295	16585	328
	独联体国家	23866	315	1216	68	11327	231	62377	1293	16447	321
	白俄罗斯			1		88	4	7	1		
	俄罗斯	23866	315	1215	68	11239	228	62370	1292	16447	321
	世界其他国家	82	3	75	3	89	8	17	2	138	7

续表

序号		2012年		2013年		2014年		2015年		2016年	
		数量	价值（万美元）	数量	价值（万美元）	数量	价值（万美元）	数量	价值（万美元）	数量	价值（万美元）
	意大利	1		11	1	87	7			116	5
1003	大麦（吨）	37917	1424	25467	1069	15923	390	24310	448	2832	49
	独联体国家	31417	1126	16103	600	15870	381	24267	444	2688	39
	俄罗斯	31417	1126	16094	599	15865	380	24252	443	2688	39
	世界其他国家	6499	298	9364	469	53	10	43	4	145	10
	丹麦	3146	142	6165	304						
	法国	3293	148			2	1	20	1	20	2
	捷克	10	1	40	5	20	3			18	2
	瑞士			3138	157						
1006	大米（吨）	25429	1567	17335	1274	24572	1833	22382	1457	9677	512
	独联体国家	24210	1482	16637	1209	22939	1729	19779	1282	8170	438
	吉尔吉斯斯坦	74	3	234	14	119	10	17	1	7	1
	俄罗斯	23369	1445	15254	1138	21737	1676	18203	1223	7213	408
	塔吉克斯坦	633	26	812	35	1084	43	1491	54	951	29
	土库曼斯坦			204	14			68	4		
	乌克兰	134	8	132	8						
	世界其他国家	1219	85	698	65	1633	104	2603	175	1507	75
	越南					100	7	220	14		

续表

序号		2012年		2013年		2014年		2015年		2016年	
		数量	价值（万美元）	数量	价值（万美元）	数量	价值（万美元）	数量	价值（万美元）	数量	价值（万美元）
	德国	9	3	7	2	7	2	5	1	4	1
	印度	323	23	162	16	1291	70	877	56	1413	67
	伊朗	25	2	192	15	15	1			2	1
	意大利	9	3	7	2	11	4	9	2	10	2
	中国	695	41	2			1	362	33	2	
	巴基斯坦	46	3	86	6	183	14	1099	63	67	2
	土耳其	33	6	26	5	23	5	28	5	5	1
1101	面粉（吨）	2448	115	1545	93	2533	126	5974	187	2340	78
	独联体国家	2398	107	1466	83	2456	118	5860	176	2219	63
	俄罗斯	2398	107	1256	71	2184	108	5860	176	2217	63
	土库曼斯坦			211	11	272	11				
	世界其他国家	50	8	79	10	77	8	114	12	121	14
	德国	18	2	10	1	8	1	8	1	4	
	意大利	13	2	24	4	23	3	48	7	84	12
	韩国	13		24	1	28	2	36	2	15	1
	土耳其	1	1	10	1	2					
	法国	6	3	11	2	15	2	17	2	16	2

资料来源：Министерства национальной экономики Республики Казахстан Комитет по статистике, Статистический сборник 《Внешняя торговля Республики Казахстан 2012 – 2016》, Астана 2017, 1.10 Импорт отдельных товаров (занимающих наибольший удельный вес в общем объеме импорта) в разрезе основных торговых партнеров.

七 乌兹别克斯坦的粮食状况

乌兹别克斯坦位于中亚中部，是典型的"双内陆国"，其北部和东北部与哈萨克斯坦、东部与吉尔吉斯斯坦、东南部与塔吉克斯坦、南部与阿富汗、西部与土库曼斯坦毗邻，其五个邻国也均无出海口。全国总面积44.897万平方千米，在世界排名第55位，大体相当于瑞典或中国的甘肃省或黑龙江省。东西长1425千米（东经56°00′—73°10′），南北长930千米（北纬37°10′—45°36′）。境内最高点是吉萨尔峰，海拔4643米，境内最低点是位于卡拉卡尔帕克斯坦自治共和国的萨雷卡梅什盆地，海拔－47米。

乌行政区划分为14个州级地方行政区，分别是：卡拉卡尔帕克斯坦自治共和国、塔什干市、安集延州、布哈拉州、吉扎克州、卡什卡河州、纳沃伊州、纳曼干州、撒马尔罕州、苏尔汉河州、锡尔河州、塔什干州、费尔干纳州、花拉子模州。截至2017年1月1日，乌全国人口3210万，人口密度70人/平方千米，其中城市人口占50.2%，农村人口占49.8%。

（一）气候和水资源

与生养3200万人口、灌溉430万公顷田地、保障工业生产，以及满足各类生态系统的需求相比，乌兹别克斯坦的土地和水资源并不富裕。随着气候变暖，土壤退化和水资源总量缺乏等问题日益突出。

乌兹别克斯坦气候总体上属比较干旱的大陆性气候。平原地区7月平均气温从北到南为26℃—32℃，南部白天气温经常高达40℃以上，最高可达45℃—47℃；1月平均气温为-8℃—0℃，北部最低气温曾有-38℃的纪录。降水主要依靠冬春季降雪，年均降水量平原低地为80—200毫米，半山区为300—400毫米，山区可达600—800毫米。

乌兹别克斯坦每年约有270个太阳天，约1%国土适合安装太阳能装置，每年可获得约1.8亿吨标准煤能量。在平原地区，夏季日均有效日照10—12小时，每平方米热量25—28兆焦，冬季日均有效日照4—6小时，每平方米热量7—8兆焦。在半山地地区，夏季日均有效日照10—12小时，每平方米热量24—27兆焦，冬季日均有效日照3—3.5小时，每平方米热量6—8兆焦。在山地地区，夏季日均有效日照约10小时，每平方米热量26—27兆焦，冬季日均有效日照约3小时，每平方米热量6—7兆焦。在盆地地区，夏季日均有效日照11—12小时，每平方米热量25—27兆焦，冬季日均有效日照3—4小时，每平方米热量6—7兆焦。

乌兹别克斯坦同样面临气候变暖威胁。根据1961—1990年的气温变化趋势，乌兹别克斯坦国家气象服务中心预测2000年以后每年二氧化碳排放增加1%，2030年前温度将比2000年上升0.8℃—3.4℃，升温影响从东南山地向西北沙漠地区逐渐加强。气候变暖将给乌带来诸多不利影响，包括：

第一，水量减少。尽管高山融雪和降水增加，但地表蒸发量加大，总体上仍是水量减少，雪山面积和地表径流缩减，预计阿姆河水量将减少1/3，锡尔河水量减少1/5。

第二，乌境内的温带气候带向北推移150—200千米，热带气候带向南推移150—200千米，每年无霜期延长8—15天。

第三，农作物减产。

第四，人和动植物的疾病增多，部分传染病疫情可能加重。

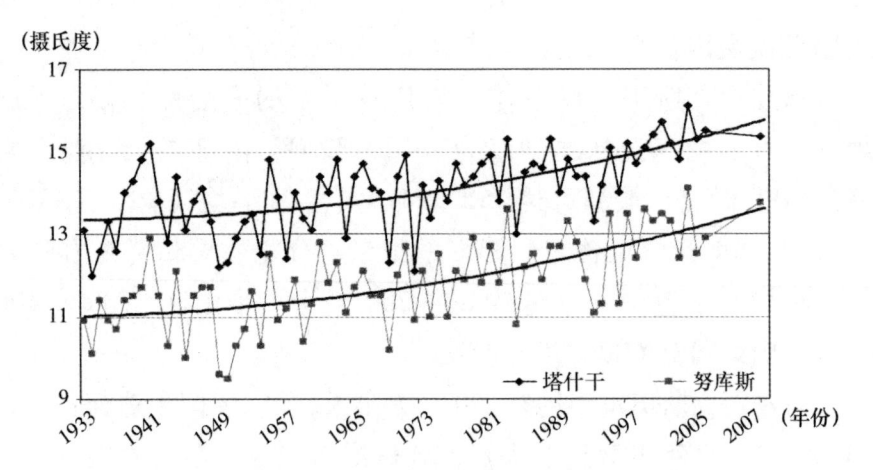

图 2　1933—2007 年乌兹别克斯坦年均温度走势

注：图中上部斜线表示中东部的塔什干地区的温度走势，下部斜线表示西部的努库斯地区的温度走势。

资料来源：Государственный комитет Республики Узбекистан по охране природы, «Национальный доклад о состоянии окружающей среды и использовании природных ресурсов в Республике Узбекистан – 2008: (Ретроспективный анализ за 1988 – 2007 гг.) », Ташкент 2008, Стр. 33, 2.6.1 Изменение температуры。

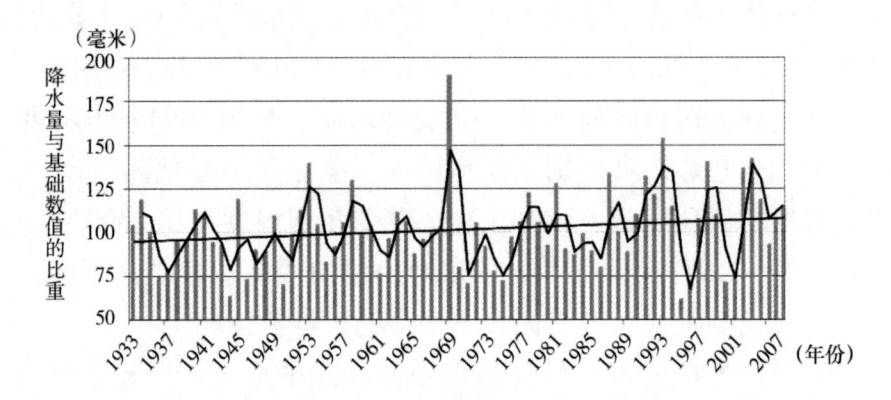

图 3　1933—2007 年乌兹别克斯坦降水走势（年降水标准指数）

注：图中横轴表示年份，纵轴表示降水量与基础数值的比重。从中可以看出，伴随气候变暖，1933—2007 年乌兹别克斯坦境内的年均降水量总体呈缓慢增长态势。

资料来源：Государственный комитет Республики Узбекистан по охране природы, «Национальный доклад о состоянии окружающей среды и использовании природных ресурсов в Республике Узбекистан – 2008: (Ретроспективный анализ за 1988 – 2007 гг.) », Ташкент 2008, Стр. 33, 2.6.1 Изменение температуры。

乌兹别克斯坦的地表水资源主要有四部分：一是河流。境内大小径流共计1.7777万条，其中阿姆河水系约占2/3，锡尔河水系约占1/3。大部分河流都是长度小于10千米的季节性河流。二是湖泊。共有大小湖泊505个，其中大部分面积小于1平方千米。三是水库。共建有53座，主要用于灌溉，设计容量188.67亿立方米，有效库容148.55亿立方米。四是雪山。共有525座，面积154.2平方千米。

据联合国粮农组织材料，乌兹别克斯坦境内约86.5%面积属于南部的阿姆河水系，剩余13.5%面积属于北部的锡尔河水系。境内每年产生的径流量约95.4亿立方米，其中阿姆河占49%，锡尔河占51%。阿姆河流域年均径流量约为785亿立方米（1084亿立方米概率为5%，469亿立方米的概率为95%），其中乌兹别克斯坦境内每年产生47亿立方米径流量，约占阿姆河水总量的6%，主要支流有苏尔汉河、卡什卡河、泽拉夫尚河等。锡尔河年径流量约为371亿立方米（541亿立方米概率为5%，214亿立方米概率为95%），其中乌兹别克斯坦境内每年产生约48.4亿立方米径流量，约占锡尔河水总量的13%，主要支流有阿尔玛萨河、恰达克萨河、巴德萨河、卡桑赛河、苏姆萨尔河、加瓦萨河等。受气候干燥和农业灌溉等影响，在干旱年份能够最后流入咸海的水量经常不到阿姆河水总量的10%和锡尔河水总量的5%。

据乌兹别克斯坦环保部数据，根据中亚五国（乌兹别克斯坦、哈萨克斯坦、土库曼斯坦、吉尔吉斯斯坦、塔吉克斯坦）签署的咸海水系的河流水量分配协议，乌兹别克斯坦每年可获得524.08亿立方米水量，其中从阿姆河获得324.93亿立方米，从锡尔河获得199.15亿立方米。加上地下水等资源，乌兹别克斯坦每年可利用的水资源总量为592.09亿立方米。在乌兹别克斯坦全部水资源消费中，乌兹别克斯坦境内各类水源仅能提供11%—12%，其余全部依靠境外水源。1988—2007年，乌兹别克斯坦每年从锡尔河取水210亿—260亿立方米，从阿姆河取水210亿—360亿立方米。

据联合国粮农组织数据，乌兹别克斯坦境内共发现95处地下水含水层（其中77处是淡水），每年可产生地下水196.8亿立方米（其中128.8亿立方米与地表水重叠）。据估算，每年地下水抽取量极值是68亿立方米，但实际抽取量较大，导致地下水位下降。2002—2004年年均使用地下水86亿立方米，其中54.5亿立方米用于居民生活，占地下水总使用量的63%，22.2亿立方米用于灌溉，占26%，9.3亿立方米用于工业生产，占11%。

乌兹别克斯坦农业部副部长兼水资源管理总局局长哈姆拉耶夫（Шавкат Хамраев）在2009年土耳其伊斯坦布尔市举行的"世界水资源论坛"演讲时指出，当前乌兹别克斯坦面临的水资源威胁主要有三个方面。

一是水量减少。乌兹别克斯坦水资源短缺量2005年为20亿立方米，预计2030年将达到70亿立方米，2050年达到110亿—130亿立方米。

二是各类水源的水质恶化。主要原因是生活污水量增大但处理水平低、蒸发量大造成水质含盐量大、农业用水中化肥、农药、牲畜粪便含量增加等。

三是咸海生态灾难。2000—2009年，很多淡水湖消失，吐加依森林面积减小一半，芦苇塘面积减少5/6。咸海刮起的盐暴裹着沙粒，每年都将1500万—7500万吨裸露在湖底的盐粒吹到周边地区，造成半径75—100千米范围内的土壤严重盐碱化，离湖岸550—700千米处的土壤盐含量达到每公顷300—450克。

乌兹别克斯坦农作物主要产自灌溉区。全国灌溉管理系统由10个流域灌溉区和1个干渠管理局组成。1994年灌区总面积430万公顷，其中约56%属于阿姆河流域，其余44%位于锡尔河流域。农业灌溉用水中，43%来自河流水渠（包括灌溉退水），27%用抽水机从河流提水，24%来自水库，6%来自地下水。考虑到水资源状况和节水技术，联合国粮农组织认为，乌兹别克斯坦灌溉区面积极限约为490万公顷。

乌兹别克斯坦境内灌溉水渠总长17.1万千米。阿姆河流域灌溉面积约200万公顷，灌渠长度1.37万千米，年提水能力350.5亿立方米。乌兹别克斯坦灌渠缺乏防渗措施，只有79%的灌区间水渠和19%的灌区内水渠有水泥覆面，而且老化较严重。因灌溉系统完备程度不同，最后能到达庄稼地的水量约占提水总量的40%。2000—2004年全国平均每公顷水浇地年耗水量1.41万立方米，其中花拉子模州最多，为2.26万立方米，吉扎克州最少，为0.98万立方米。

（二）土地政策

乌兹别克斯坦1998年4月30日通过的《土地法典》（当年7月1日生效）规定乌兹别克斯坦土地属国家所有，是全体国民的共有财富，共分为8种类型：农用地（包括灌溉地和非灌溉地、荒地、草场、牧场、果园和葡萄园）；居民用地；工业、交通、通信和国防等用地；自然保护区、康复、休闲等用地；历史文化用地；林地；水利用地；储备用地。

全部国土中（2009年），农用地占59.5%，森林占3.1%，水利用地占1.8%，其余占35.6%。全国耕地共4.1万平方千米，受缺水和蒸发影响。乌兹别克斯坦独立后，灌溉面积几乎未增加，而且很多灌区的盐碱化程度加重。

《土地法典》规定土地利用有永久使用、经常使用、临时使用和租用4种方式。其中永久使用的土地可依法定程序继承；经常使用的土地不能继承，但在公民和企业（包括合资企业和外资企业）存续期间可无限期使用；临时使用分为短期（3年以下）和长期（3年及以上，10年以下）两种，期限届满后可依法定程序续延；租用土地需具备出租人和承租人签订的合同，租赁条件和期限由合同约定，但不得转租，农业用地的租赁期不得少于30年，最多可达50年。

表43　乌兹别克斯坦被利用的土地统计（当年1月1日）

（单位：万公顷）

	2009年	2010年	2011年	2012年
国土总面积	4441.03	4441.03	4441.03	4441.03
农用地	2226.46	2145.32	2048.77	2047.35
耕地	405.33	405.46	405.20	404.56
果园	33.04	33.44	33.72	34.30
牧场和草场	1278.05	1197.36	1112.86	1112.37
其他	510.04	509.06	496.99	496.12

注：乌兹别克斯坦和土库曼斯坦两国边界接壤地区签订互换土地并从事农业生产的协议。因此两国的被利用土地面积与国土总面积不完全相同。

资料来源：Государственный комитет Республики Узбекистан по статистике, Статистический сборник «Сельское хозяйство Узбекистана», Ташкент - 2012., стр. 21 Структура общей земельной площади и сельскохозяйственных угодий。

表44　乌兹别克斯坦水浇地盐化程度

年份	水浇地面积（万公顷）	盐化土地面积比重（%）	轻度盐化面积（万公顷）	中度盐化面积（万公顷）	重度盐化面积（万公顷）
2000	424.57	54.2	126.33	84.76	19.01
2005	427.36	51.0	132.37	69.54	16.13
2006	428.04	50.7	134.46	66.35	16.26
2007	429.71	50.5	134.46	66.44	16.27

资料来源：Государственный комитет Республики Узбекистан по охране природы, «Национальный доклад о состоянии окружающей среды и использовании природных ресурсов в Республике Узбекистан - 2008: (Ретроспективный анализ за 1988 - 2007 гг.)», Ташкент 2008, Стр. 77。

（三）农业发展战略

独立后，乌兹别克斯坦农业领域改革主要涉及六个方面：

第一，土地改革。主要是实行租赁承包制，即土地属国家所有，家庭农场可以长期租赁土地（30—50 年），而且租赁权可以继承，其中用于种植粮食和棉花的土地最少 30 公顷，种植蔬菜、瓜果和水果的土地 5 公顷起。

第二，水资源管理。由地方行政垂直管理变为跨地区的流域管理。全国共设 10 个灌溉管理局和 1 个干渠管理局（负责费尔干纳地区的联合调度体系）。

第三，金融信贷。改善农业（特别是家庭农场）贷款条件，简化程序，提供优惠利率。

第四，提高粮食生产。主要是调整种植结构、增加种植面积和发展农业科技（如改良小麦品种），确保本国主粮自给，摆脱对外部进口的依赖。

第五，确保棉花生产。提高棉花产量和质量，在减少棉花种植面积的同时，增加其他经济作物生产。

第六，尽可能提高蔬菜水果和肉禽蛋奶等产量，丰富民众消费需求，并增加出口收入。

独立后，乌兹别克斯坦将粮食自给作为本国粮食安全和国家安全的头等大事，主要采取两项措施：

一是增加本国粮食产量。通过扩大灌溉范围，增加种植面积，以及施加化肥和农药，提高单产效率等方式，乌兹别克斯坦粮食产量总体增长，从独立初期的粮食进口国变为出口国。粮食增产首先是提高小麦产量。1991—2006 年，乌兹别克斯坦小麦播种面积从 48.8 万公顷提高到 150 万公顷，小麦产量从 61 万吨增加到 600 万吨。2003 年，乌兹别克斯坦小麦基本实现粮食自给，此后每年都有剩余出口，少量进口小麦仅是为调剂品种和加工高等级面粉。

二是实行进口替代战略。2005 年 11 月以前，为保障本国粮食消费需求和民众生活，乌兹别克斯坦对进口的粮食和面粉免征关税。此后（即本国粮食自给后），则对进口粮食和面粉按照FOB价格征收30%关税，防止外部粮价对本国农业造成不利冲击。

2018年1月，乌兹别克斯坦总统发布《关于进一步保障国家粮食安全的措施》，提出通过提高粮食产量、确保粮食质量、放开对外贸易、增加居民收入、提高竞争力等措施，切实保障国家粮食安全；决定制定《粮食安全法》，完善粮食储备制度（肉、植物油、糖和大米），降低进口依赖。

（四）农业生产主体

乌兹别克斯坦的农业生产主体通常分为三部分：

一是农工企业，是独立法人，通常以公司化管理运作。乌兹别克斯坦从事粮食和农副产品的外贸企业主要有三家，均是乌兹别克斯坦经济部下属的国有独资企业：其一，"乌兹别克斯坦国际进出口公司"（Uzinterimpex, www.uzinterimpeks.uz），主要从事进出口、中介和咨询服务等，主营棉花销售（年均33万吨），还出口棉纱、棉布、纺织品、新鲜及罐装果品蔬菜产品、干果、建材、粮食、有色金属等，同时进口设备和现代技术。其二，"乌兹别克斯坦中央进出口公司"（O'zmarkazimpeks, www.uzmarkazimpex.com），主营棉花、纺织品、粮食、豆类、食品、干鲜蔬菜水果、植物油、铜及其制品等，拥有自己的种植基地。其三，"乌兹别克斯坦工业机械进出口公司"（Uzprommashimpeks, www.upm.uz），主营工农业产品和设备的进出口。

二是农民个体生产（Дехканское хозяйство）。乌兹别克斯坦《农民个体生产法》规定，农民个体生产不具有法人地位，是农民在自己的土地上（归农民永久使用，可作为遗产继承），以家庭成员为单位，从事种植、畜牧和副业。

三是家庭农场（或农户，Фермерское хозяйство）。乌兹别克斯坦《家庭农场法》规定，家庭农场是农民以家庭或家庭联合为单位，利用租赁土地（与个体生产利用自有土地不同），自主从事农产品生产的经营主体，具有独立法人地位，享有签章，可在银行开设账号。成立家庭农场需提供章程，依照规定程序获得租赁地块，在相关机构履行登记手续。所租用的土地一般由国家提供（国家所有），以签订长期（30—50年）土地租用合同方式享有使用权。从事畜牧业的家庭农场需至少拥有30头牲畜，租赁的牧场面积平均（根据地块位置）每头牲畜在旱地2公顷，在水浇地0.3—0.45公顷。从事种植业的家庭农场，种植棉花和粮食的面积不得小于30公顷，种植果树、瓜果、葡萄、蔬菜等其他农作物的面积不得小于5公顷。实践中，家庭农场一般建在劳动力较缺乏的地区。

2012年10月22日，乌兹别克斯坦政府通过《关于进一步完善和发展家庭农场的若干措施》（简称《措施》），决定通过完善农业立法；完善家庭农场自我组织管理、相互协作，以及与国家机关的合作等；提高家庭农场的经营和财务状况等措施，大力发展家庭农场，促进农民增收、农业增产、农产品深加工和农村发展；给予家庭农场税收优惠、信贷支持、土壤改良和品种改良财政资助；保障农户的长期租赁经营权等。《措施》规定政府总理和地方行政负责人是深化农业体制改革、落实改革措施的责任人，并在中央和地方机构组建"家庭农场委员会"，负责协调家庭农场改革发展事务。

（五）粮食种植面积

乌兹别克斯坦农业种植面积约为370万公顷。粮食作物种植面积最大，约占总种植面积的45%（其中小麦约占40%），经济作物第二，约占40%（其中棉花约占38%），第三是饲料作物，约占8%，第四是蔬菜，约占5%。2016年，乌兹别克斯坦总种植面积370万公顷，其中粮食167万公顷，棉花133万公顷，土豆 33 万公顷，蔬菜 21 万公顷，瓜果和饲料作物均不足 10 万公顷。

表 45　　　　　　　　乌兹别克斯坦种植面积统计　　　　（单位：万公顷）

	2000 年	2005 年	2010 年	2015 年	2016 年
种植总面积	377.83	364.75	370.84	369.42	370.67
粮食	161.40	161.61	167.94	167.11	168.94
土豆	42.90	29.03	32.04	32.71	33.35
经济作物	151.25	151.84	141.70	136.87	133.39
蔬菜	12.99	13.77	17.30	19.40	20.60
瓜果					
饲料作物					
水果浆果	20.40	20.82	23.53	26.64	27.96
葡萄	12.00	12.07	12.79	12.83	13.12

资料来源：Государственный комитет Республики Узбекистан по статистике, Статистический анализ основных показателей отрасли сельского хозяйства республики в 2000 – 2016 годах, 17/07/2017, Посевные площади основных видов сельскохозяйственных культур в 2000 – 2016 гг.

表 46　　乌兹别克斯坦农业种植面积比重（依照生产主体划分）（单位：%）

	家庭农场		家庭副业		农工企业	
	2000 年	2016 年	2000 年	2016 年	2000 年	2016 年
粮食	15.8	85.4	12.1	12.5	72.1	2.1
棉花	20.7	99.2	—	—	79.3	0.8
土豆	5.0	21.4	78.2	77.7	16.8	0.9
蔬菜	6.5	36.5	66.7	61.9	26.8	1.6
瓜果	17.6	53.9	42.0	44.1	40.4	2.0
水果浆果	7.1	61.5	28.8	30.1	64.1	8.4
葡萄	5.8	65.1	21.9	31.2	72.3	3.7

资料来源：Государственный комитет Республики Узбекистан по статистике, Статистический анализ основных показателей отрасли сельского хозяйства республики в 2000 – 2016 годах, 17/07/2017, Посевные площади основных видов сельскохозяйственных культур в 2000 – 2016 гг.

表47　　　　　　　乌兹别克斯坦农业种植面积及比重

	种植面积（万公顷）		各类作物种植面积比重（%）	
	2010年	2011年	2010年	2011年
种植总面积	370.84	360.16	100	100
其中：家庭农场	314.30	306.34	84.8	85.1
农民家庭生产	47.15	46.24	12.7	12.8
农业企业	9.39	7.58	2.5	2.1
粮食	167.94	160.74	45.3	44.6
小麦	146.63	143.26	39.5	39.8
食用玉米	2.83	2.65	0.8	0.7
大米	6.92	2.31	0.9	0.6
食用豆类	1.75	1.31	0.4	0.4
经济作物	141.70	138.60	38.2	38.5
棉花	134.25	132.92	36.2	36.9
土豆	7.07	7.36	1.9	2.0
蔬菜	17.30	17.54	4.7	4.9
瓜果	4.79	4.59	1.3	1.3
饲料作物	32.04	31.31	8.6	8.7
水果浆果	23.53	24.43		
葡萄	12.79	12.71		

资料来源：Государственный комитет Республики Узбекистан по статистике, Статистический сборник 《Сельское хозяйство Узбекистана》, Ташкент－2012., стр. 21, Структура посевных площади。

（六）粮食生产

从农业生产结构看，2010年以来，种植业和畜牧业分别约占乌兹别克斯坦农业总产值的60%和40%。乌兹别克斯坦农业生产以农民个体生产为主，约占农业生产总值的2/3，其次是家庭农场，约占1/3（其中占棉花生产100%，占粮食生产80%—90%，占蚕丝生产 95% 以上），农业企业（包括国有或集体农场）产值很低，不足 5%。2012 年农业总产值中，农民个体产值占 63.5%，家庭农场产值占 34.4%，农工企业产值占 2.1%。

表 48　　乌兹别克斯坦农业生产统计（按所有制形式）

	2009 年	2010 年	2011 年
鲜肉（万吨）	136.77	146.14	156.42
家庭农场（农户）	3.54	3.78	4.10
农民个体	130	138.92	148.16
农业企业	3.23	3.44	4.16
奶（万吨）	577.9	616.9	676.62
家庭农场（农户）	17.65	20.5	23.01
农民个体	557.35	592.78	649.46
农业企业	2.9	3.62	4.15
蛋（亿枚）	27.159	30.588	34.42
家庭农场（农户）	2.099	2.881	3.75
农民个体	16.301	17.755	18.76
农业企业	8.759	9.952	11.92
毛（吨）	24980	26510	28687
家庭农场（农户）	1439	1715	1938
农民个体	20646	21951	24198
农业企业	2895	2844	2551
卡拉库尔羊皮（万张）	89.79	93.49	102.23
家庭农场（农户）	4.23	4.41	4.34
农民个体	58.49	63.21	64.36
农业企业	27.07	25.87	33.53

资料来源：Государственный комитет Республики Узбекистан по статистике, Ежеквартальные доклады, Основные показатели социально-экономического развития Республики Узбекистан, http://www.stat.uz/reports/; Динамические ряды, http://www.stat.uz/rows/。

乌兹别克斯坦的粮食生产以小麦为主。粮食年产量大约700万—800万吨，其中小麦650万吨（占粮食总产量的90%）、玉米20万—30万吨、大米和大麦15万—20万吨，粮用豆类不足5万吨，土豆300万吨，蔬菜1100万吨，瓜果2000万吨，水果浆果300万吨，葡萄150万吨，棉花300万吨，饲料玉米350万—400万吨，草料约150万吨。

2017年，乌兹别克斯坦共收获粮食810万吨，土豆301.46万吨，籽棉290万吨，蔬菜1143.36万吨，瓜果209.48万吨，水果浆果307.63万吨，葡萄174.89万吨。

表49　　　　乌兹别克斯坦主要农作物生产统计　　　　（单位：万吨）

	2008年	2009年	2010年	2011年	2008—2011年年均
粮食总计	662.16	729.31	740.41	705.40	709.32
小麦	603.97	654.53	665.73	644.49	642.19
大麦	14.12	23.18	17.39	13.61	17.08
大米	11.27	19.21	24.48	11.84	16.70
食用玉米	22.90	23.00	23.04	25.53	23.62
食用豆类	3.48	2.55	3.87	3.85	3.44
土豆	139.87	153.09	169.48	186.26	162.18
蔬菜	522.13	571.03	634.65	699.40	606.80
瓜果	140.27	154.45	171.03	129.48	148.81
棉花	340.05	340.19	340.40	350.00	342.66
饲料玉米	333.16	383.57	384.37	363.06	366.04
一年生青草	60.05	69.52	75.78	66.15	67.88
多年生青草	69.94	76.58	70.26	70.04	71.71
葡萄	79.25	90.05	98.73	109.02	94.26
水果浆果	98.13	107.13	118.24	187.11	127.65

资料来源：Государственный комитет Республики Узбекистан по статистике, Статистический сборник «Сельское хозяйство Узбекистана», Ташкент – 2012., стр. 23 Производство продукции растениеводства。

表50　　乌兹别克斯坦主要粮食作物的单位产量统计　　（单位：千克/公顷）

	2008年	2009年	2010年	2011年
粮食总计	4200	4410	4360	4530
小麦	4440	4820	4590	4720
大麦	1440	1420	2020	1700
大米	3350	3600	3120	3540
食用玉米	5100	5350	5070	4900
食用豆类	990	890	1050	1230
土豆	19410	19840	19490	19570
蔬菜	24640	25360	25250	26370
瓜果	19090	19100	10260	18730
饲料玉米	20430	20970	21460	18830
水果浆果	8250	8720	9260	9730
葡萄	7740	8520	9080	9780

资料来源：Государственный комитет Республики Узбекистан по статистике, Статистический сборник «Сельское хозяйство Узбекистана», Ташкент – 2012., стр. 25, Урожайность сельскохозяйственных культур。

（七）粮食消费

乌兹别克斯坦的主打粮食品种是小麦，另外也种植水稻和玉米。除小麦外，其他主要粮食作物一般均能满足国内消费需求，小麦缺口通常不涉及口粮，主要是面粉加工需进口高等级小麦。乌兹别克斯坦本土小麦的筋度低，只有约一半适合面粉加工。2010年以来，乌兹别克斯坦小麦年产量600万—650万吨，储备约100万吨（80万—110万），国内消费约800万吨，尚有缺口100万—200万吨。

表51　　2013年乌兹别克斯坦粮食消费统计

	小麦及其制品	稻米	大麦	玉米	燕麦	黍
生产	684.2	22.7	13.6	36.0		0.6
进口	199.8		5.2	0.6	0.2	

续表

	小麦及其制品	稻米	大麦	玉米	燕麦	黍
库存		−10				
出口	13.3					
供应总量	870.7	12.7	18.7	36.7	0.2	0.6
饲料	327.4	0.2	5.7	21.1		0.6
种子	20.5	0.7	1.2	0.6		
损失	4.7	0.6	0.4	0.5		
加工	27.4		3.9	0.6		
食用	490.7	0.1	7.5	13.9	0.2	
年人均食物消费量（千克/人·年）	17.0	11.2	0.3	0.5		
每日人均食物摄取量（千卡/人·日）	132.2	0.4	1.6	3.6		

资料来源：联合国粮农组织在线数据库。

（八）粮食进出口

独立后，为保证国内粮食需求，乌兹别克斯坦禁止出口粮食（小麦、黑麦、大麦、燕麦、大米、玉米和荞麦）、面粉和米糁、面包制品（不包括自产的糕点、带馅面制品、饼干）、牲畜、家禽、肉类及其制品、糖等农产品。

乌兹别克斯坦农产品进口关税税率通常为3%，但部分食品有所不同：3千克及以下有包装的绿茶和红茶，肉制品、鱼或虾蟹制品为10%；由粮食、面粉、通心粉、牛奶等制作的食品为20%；蔬菜、块根植物、块茎植物、蔬菜罐头、水果、瓜果、坚果，果汁，番茄酱和番茄汁，不含可可的糖果等为30%。

乌兹别克斯坦主要出口商品是能源、棉花和粮食，主要进口商品是机械设备、化学产品和制品、粮食。主要贸易伙伴是俄罗斯、中国、哈萨克斯坦、韩国、土耳其、阿富汗、乌克兰、德国、英国、土库曼斯坦等。其中俄罗斯始终是最大的贸易伙伴。

中国从2009年开始成为乌兹别克斯坦第二大贸易伙伴国。目前，乌兹别克斯坦向中国出口的主要产品有天然气、棉花等，从中国进口的商品主要是家用电器、通信设备、石油设备、化工产品、塑料制品、服装、鞋类、茶叶、食品等。中国是乌兹别克斯坦第一大棉花买家、第一大电信设备和土壤改良设备供应国。

受中亚气候条件影响，很多国际知名的小麦品种在乌兹别克斯坦境内都不适合种植。乌兹别克斯坦国产小麦的黏度较低，一般是18%—20%（正常标准约40%），不适合做面粉，因此每年都需要从哈萨克斯坦等地进口部分小麦和面粉。

乌兹别克斯坦每年约进口100万—300万吨小麦和面粉（以折合成粮食计），主要来自哈萨克斯坦和俄罗斯。同时出口20万—70万吨小麦和面粉（以折合成粮食计），主要对象是阿富汗、伊朗、周边独联体国家等。

2011年，乌兹别克斯坦从哈萨克斯坦进口60.59万吨小麦和122.78万吨面粉（约相当于160万吨小麦，占当年哈面粉出口的65%），从俄罗斯进口2.03万吨小麦和1.95万吨面粉。2016年乌兹别克斯坦进口小麦达到290万吨。

自2013年至今，伴随乌税法改革，提高面粉消费税率，乌兹别克斯坦开始减少面粉进口，增加小麦进口，同时增加自身面粉加工能力。由此，乌兹别克斯坦已由面粉进口国变成出口国，主要向塔吉克斯坦、阿富汗和吉尔吉斯斯坦出口，进而抢占哈萨克斯坦的传统出口市场，致使哈面粉出口减少。

表52　　　　　　　　乌兹别克斯坦的小麦进出口统计

（价值单位：万美元，数量单位：万吨）

	2003年	2004年	2005年	2006年	2007年	2008年	2009年	2010年
出口量	0.03	30.87	5.73	1.23	1.12	1.00	7.14	7.10
出口值	2.80	4610.10	633.80	137.00	160.10	140.00	2476.20	2500.00
进口量	0.58	1.76	5.95	11.87	14.49	21.85	16.55	16.50
进口值	127.00	280.00	765.40	1508.20	2715.20	6905.60	3065.30	3100.00

资料来源：联合国粮农组织在线数据库，faostat，http：//faostat3.fao.org/home/index.html#DOWNLOAD。

表53 乌兹别克斯坦的面粉进出口统计

(价值单位:万美元,数量单位:万吨)

	2003年	2004年	2005年	2006年	2007年	2008年	2009年	2010年
出口量	0.03	0.11	0.71	0.05	0.20	0.20	0.20	0.20
出口值	3.90	21.70	109.40	7.00	47.50	50.00	50.00	50.00
进口量	19.19	17.15	41.12	45.56	74.99	76.74	93.70	94.00
进口值	2791.00	3500.00	7449.90	8037.10	17984.80	35313.60	25125.60	25000.00

资料来源:联合国粮农组织在线数据库,faostat,http://faostat3.fao.org/home/index.html#DOWNLOAD。

八 吉尔吉斯斯坦的粮食状况

吉尔吉斯斯坦是中亚五国之一，亚欧大陆腹地的内陆国，北接哈萨克斯坦，东邻中国，南靠塔吉克斯坦，西界乌兹别克斯坦，国土面积19.99万平方千米，东西最长925千米，南北最长454千米。边界总长4508千米，其中与哈萨克斯坦1113千米，与中国1049千米，与塔吉克斯坦972千米，与乌兹别克斯坦1374千米。全国人口约580万人，其中农村人口约占2/3。

吉尔吉斯斯坦东北部属于天山山脉西段，西南部处于帕米尔—阿莱山脉中段，全境平均海拔2750米，90%以上国土的海拔都在1500米以上，1/3地区的海拔在3000—4000米，境内最高处为中吉边境的汗腾格里峰（海拔7439米）。国土中5.8%是森林，4.4%是水域，53.3%是耕地，其他类型土地占36.5%。

据吉尔吉斯斯坦《行政区划法》，吉尔吉斯斯坦地方行政区划分为三级：一是州和直辖市。全国共设7个州和2个直辖市，即比什凯克市、奥什市、巴特肯州、贾拉拉巴德州、奥什州、伊塞克湖州、纳伦州、楚河州、塔拉斯州。二是州下属的区和市，全国共有40个区和25个市，相当于中国的地级市。农业人口过半称为区，非农人口过半称为市。三是区或市下属的乡、镇。非农人口过半地区称为城镇，通常是铁路车站、工厂、医院或建筑工地所在地。农业人口过半的地区称为乡村，主要有"基什拉克"和"科努什"等形式。基什拉克由牧民过冬时的聚居形式发展而来，科努什由过夜驿站形式发展而来。吉尔吉斯斯坦法律规定，州属市的人口不得少于2万人，区属市的人口不得少于1万人，市属镇人口不得少于2000人，行政村人口不得少于50人。

（一）气候和水资源

吉尔吉斯斯坦有"亚洲瑞士"称号，多山地，农用土地大多集中在费尔干纳谷地和楚河谷地。境内水资源丰富，因位于河流上游，境内水资源开发利用在一定程度上受下游国家制约。随着全球气候变暖，吉尔吉斯斯坦平均气温也总体呈上升趋势，雪山冰川退化加速，对生态造成不利影响。

吉尔吉斯斯坦气候呈现多样性特点：从经度看，吉尔吉斯斯坦地处亚欧大陆腹地，远离海洋，距沙漠较近，总体属干旱的大陆性气候。从纬度看，吉尔吉斯斯坦大部分地区属温带，南部属亚热带，四季分明。从海拔看，吉尔吉斯斯坦境内多山地，气候随海拔而变化。吉尔吉斯斯坦科学家将境内气候分为4种类型。

一是山麓谷地气候带（Долинно-предгорный пояс，海拔500—1200米），如费尔干纳山麓，特点是夏季炎热，冬季较冷，降水量少，具有亚热带气候特点。7月平均温度20℃—25℃，最高曾达44℃；1月平均气温为-4℃—-7℃，山峰处可达-22℃—-30℃，最低曾达到-40℃。

二是山地中部气候带（Среднегорный пояс，海拔900—2200米），特点是典型的温带气候，夏季温和，冬季不太冷，降水较多，经常下雪。7月平均气温18℃—19℃，1月平均气温-7℃—-8℃，12月至来年2月的冬季平均气温一般为-3℃—-5℃。海拔1000—1500米地区的无霜期通常可持续7个多月。

三是高山气候带（Высокогорный пояс，海拔2000—3500米），特点是夏季凉爽，冬季寒冷且多雪。7月平均气温11℃—16℃，1月平均气温-8℃—-10℃。年内无霜期通常只有3—4个月，甚至更短，冬季时间长，大约从当年11月至次年3月。

四是冰川气候带（Нивальный пояс，海拔 3500 米以上），特点是气候严寒，到处是积雪冰川。此气候带是吉尔吉斯斯坦最重要的水源地。

据吉尔吉斯斯坦国家环境保护与林业局数据，近 100 年来，吉尔吉斯斯坦年均气温约升高 1.56℃，其中境内西北部升高 1.65℃（1923—2003 年），东北部升高 1.04℃（1927—2007 年），西南部升高 2.14℃（1928—2008 年），东南部升高 1.41℃（1928—2008 年）。近 20 年来，吉尔吉斯斯坦年均气温升幅加快，1960—2010 年年均气温升高 2.39℃，但 1990—2010 年年均气温升高 5.82℃。因气温升高，吉尔吉斯斯坦境内冰川将加速融化，预计到 2020—2025 年时，冰川总水量可能相当于 2000 年的 44%—88%。

吉尔吉斯斯坦境内降水量分布不均衡：降水较多的地区是费尔干纳山脉西南坡、阿拉套山北坡、恰特卡尔山地、克明谷地、伊塞克湖东部等，年降水量 900—1000 毫米。雨量偏少的地区是塔拉斯谷地和楚河谷地，年降水量 250—500 毫米；奥什州和贾拉拉巴德州的山麓谷地的年降水量 300—700 毫米；内天山和中天山的大部分地区年降水量 200—300 毫米。比较干旱缺水地区有伊塞克湖西岸，年降水量约 110 毫米；费尔干纳部分高山地区的年降水量不足 200 毫米。据吉尔吉斯斯坦国家环境保护和林业局数据，2006—2011 年，吉境内年最大降水量 1090 毫米，最小降水量 144 毫米，大部分地区的降水量在 300—600 毫米徘徊。

表 54　　　　吉尔吉斯斯坦气温和降水观测统计

观测地	海拔（米）	1961—2010年年均降水（毫米）	1991—2010年年均降水（毫米）	1961—2010年年均气温（℃）	1991—2010年年均气温（℃）
巴特肯	1050	198.8	226.3	12.49	12.65
比什凯克	756	439.1	471.2	10.68	11.53
贾拉拉巴德	917	484.4	520.3	12.60	13.55
卡拉科尔	1716	429.7	459.2	6.30	6.70
纳伦	2039	296.7	318.1	3.46	4.16

续表

观测地	海拔（米）	1961—2010年年均降水（毫米）	1991—2010年年均降水（毫米）	1961—2010年年均气温（℃）	1991—2010年年均气温（℃）
奥什	1016	334.3	368.8	11.98	12.20
塔拉斯	1217	324.4	337.7	8.06	8.88
乔尔蓬阿塔	1645	269.0	302.7	7.90	8.54

资料来源：Кыргызгидромет, Государственное агентство охраны окружающей среды и лесного хозяйства, Инициатива ПРООН-ЮНЕП «Бедность и окружающая среда» в Кыргызской Республике, «Национальный доклад состояния окружающей среды Кыргызской Республики за 2006 – 2011 годы», Бишкек – 2012., Раздел 2. Изменение климата, Таблица 2.1. Рост фактических значений температуры по отдельным мемеостанциям, Таблица 2.2. Изменения величины годового количества осадков по отдельным мемеостанциям。

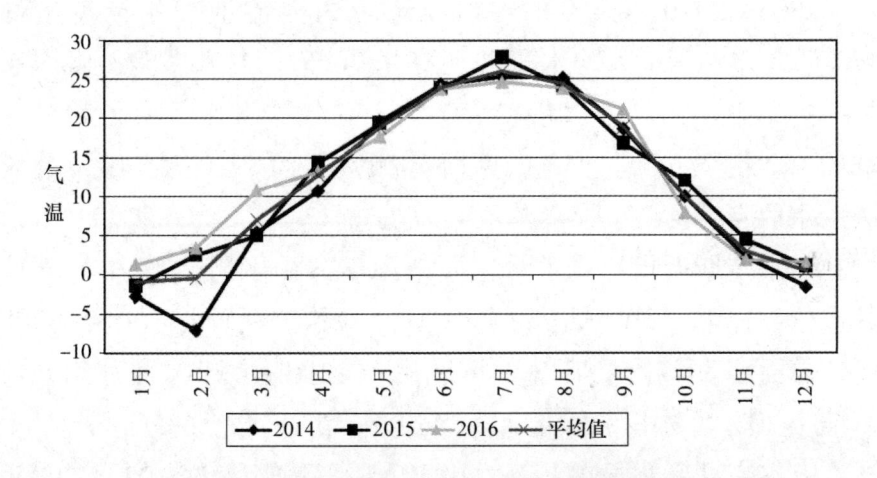

图 4　吉尔吉斯斯坦 2014—2015 年气温月度走势

资料来源：МИНИСТЕРСТВО СЕЛЬСКОГО ХОЗЯЙСТВА, ПИЩЕВОЙ ПРОМЫШЛЕННОСТИ И МЕЛИОРАЦИИ КЫРГЫЗСКОЙ РЕСПУБЛИКИ, «Обзор появления и распространения основных вредителей и болезней сельскохозяйственных культур в Кыргызской Республике в 2016 году и прогноз их появления в 2017 году», Бишкек 2017, Рис. 1. Количество осадков выпавших в сезон 2014 – 2016 гг. к среднемноголетним данным, Рис. 2. График среднемесячных температур воздуха за 2014 – 2016 гг. к среднемноголетним данным, Рис. 3. График среднемесячной относительной влажности воздуха за 2014 – 2016 гг. к среднемноголетним данным。

苏联时期，根据中亚地区水资源分配原则，吉尔吉斯斯坦每年可使用境内25%水资源（119亿立方米水量），其余需流到境外供下游使用；吉尔吉斯斯坦获得的水资源主要用于农业（约占90%，灌溉约100万公顷耕地），其余7%用于工业消费，3%用于居民及其他消费。

据吉尔吉斯斯坦国家环境保护与林业局数据（2010年），吉尔吉斯斯坦境内有大小河流3500条，分属三大水系：一是咸海水系，约占总水量的76.5%；二是伊塞克湖水系，约占总水量的10.8%；三是塔里木河—罗布泊水系，流向中国，约占总水量的12.4%。另有极少部分属伊犁河水系（卡尔克拉河，流入巴尔喀什湖），可忽略不计。

2006—2010年，吉尔吉斯斯坦境内河流地表年径流量约472亿立方米，年人均水资源拥有量9075立方米。但年度内水量分配不平均，夏季水量较大，约350亿立方米，秋冬和早春季约122亿立方米。吉尔吉斯斯坦76%（约80.6万公顷）的灌溉用水取自小河流。

吉尔吉斯斯坦河流水量主要来源于冰山融雪（约占80%），其余依靠降水。20世纪60年代时，吉尔吉斯斯坦有冰川8208座，总面积8077平方千米。因融化，专家估计2010年冰川规模约缩小20%，冰川总水量417.5立方千米。

吉尔吉斯斯坦境内共有大小1923座湖泊，水面总面积6836平方千米（约占国土面积的3%）。水域面积超过1平方千米的湖泊只有16个，84%的湖泊分布在海拔3000—4000米山区。境内最大的湖泊有：伊塞克湖（6236平方千米）、松湖（278平方千米）、恰特尔湖（170平方千米）。吉尔吉斯斯坦共有大小水库34座，最大蓄水量211亿立方米。其中最大的是托克托古尔水库，最大容量195亿立方米。

据吉尔吉斯斯坦农业和土壤改良部资料（截至2010年年底）：吉尔吉斯斯坦灌溉面积约107万公顷，其中42.9万公顷具有完整技术保障体系，36.7万公顷有半技术保障体系，27.1万公顷无技术保障体系。

吉尔吉斯斯坦农业和土壤改良部水利司负责的104.32万公顷水浇地中，87.3919万公顷状态良好，6.047万公顷尚可，10.884万公顷处于不佳状态。主要原因有地下水位上涨、盐碱化、生长芦苇等。

吉尔吉斯斯坦国有集流排水渠道共计1176千米（858千米露天水渠，318千米封闭管道）。其中28.5%处于不佳状态。各灌溉区内的水渠总长4423千米（2435.6千米露天水渠，1987.3千米封闭管道）。这其中48%处于不佳状态，如地下水位上涨、土壤沼泽化、二次盐碱化等。

为改良灌溉系统，吉尔吉斯斯坦政府采取多项措施，在国际组织资助下实施"灌溉体系恢复工程"（1998—2006年）、"水灾情况下的紧急措施工程"（1999—2005年）、"灌区灌溉体系工程"（2001—2010年）等。

表55　　　　　　吉尔吉斯斯坦水资源利用统计　　　（单位：亿立方米）

	2000年	2005年	2010年
取水量	80.250	78.880	75.610
地下水	3.020	3.040	3.243
用水量	49.760	44.850	44.770
生产用水	0.480	0.590	0.906
农业用水	47.490	41.350	41.633
日常生活用水	1.820	1.490	205.900
运输损失	16.670	17.810	17.680
集水量	0	7.750	153.900
清洁水量	0	1.380	138.000
未清洁水量	0.038	0.122	0.067

资料来源：Государственное агентство по охране окружающей среды и лесному хозяйству при Правительстве КР, Использование водных ресурсов, Объем забранной воды и ее использование, http://www.nature.kg/index.php?option=com_content&view=article&id=21&Itemid=12&lang=ru。

表56　　　　　　　　　　吉尔吉斯斯坦径流量统计

	2006年	2007年	2008年	2009年	2010年	2006—2010年年均
河流年均径流量（立方千米）	51	45	41	48	54	48
人均水资源（立方米/人）	9996	8656	7823	8893	10007	9075

资料来源：Государственное агентство охраны окружающей среды и лесного хозяйства, «Национальный доклад состояния окружающей среды Кыргызской Республики за 2006 – 2011 годы», Бишкек – 2012., Раздел 3. Водные ресурсы。

表57　　　　　　　　　　吉尔吉斯斯坦的主要河流

河流名称	流域总面积（万平方千米）	在吉境内的流域面积（万平方千米）	总长度（千米）	在吉境内长度（千米）
锡尔河（Сырдарья）	21.9000	10.2502	2212	—
纳伦河（Нарын）	5.9900	5.9900	578	578
楚河（Чу）	2.2491	1.5901	1186	381
塔拉斯河（Талас）	5.2700	0.8250	661	194
卡拉河（Карадарья）	3.0100	3.0100	180	180
恰特卡尔河（Чаткал）	0.7110	0.5520	217	175
伊塞克湖（Иссык-Куль）	1.1233	1.1233		
塔里木河（Тарим）		2.5550		

资料来源：Государственное агентство охраны окружающей среды и лесного хозяйства, «Национальный доклад состояния окружающей среды Кыргызской Республики за 2006 – 2011 годы», Бишкек – 2012., Раздел 3. Водные ресурсы。

表58　　　　　　　　　　吉尔吉斯斯坦的主要湖泊

湖泊名称	海拔（米）	面积（平方千米）	容积（立方千米）	最深处（米）
伊塞克湖（Иссык – Куль）	1607	6236	1738	668
松湖（Сон-Куль）	3016	278	2.64	22
恰特尔湖（Чатыр-Куль）	3520	170.6	0.85	19
萨雷切列克湖（Сары-Челек）	1878	7.92	0.483	234

续表

湖泊名称	海拔（米）	面积（平方千米）	容积（立方千米）	最深处（米）
卡拉苏湖（Кара-Суу）	2022	4.2	0.223	150
库伦湖（Кулун）	2856	3.25	0.118	91
乌科克湖（Кель-Укок）	1970	1.22	0.14	17
克利苏湖（Кель-Суу）	3514	4.5	0.338	—
苗尔茨巴赫拉（Мёрцбахера）	3304	4.5	0.129	60

资料来源：Государственное агентство охраны окружающей среды и лесного хозяйства, «Национальный доклад состояния окружающей среды Кыргызской Республики за 2006－2011 годы», Бишкек－2012., Раздел 3. Водные ресурсы。

表59　　吉尔吉斯斯坦的主要水库

水库名称	建设年份	所在河流	容积（亿立方米）	面积（平方千米）	坝高（米）
托克托古尔（Токтогул）	1974	纳伦河（Нарын）	1950.00	284	215
基洛夫水库（Кировское）	1975	塔拉斯河（Талас）	5.50	26.5	83
奥尔塔托科伊（Орта-Токой）	1956	楚河（Чу）	4.70	25	52
库尔普赛（Курпсайское）	1981	纳伦河（Нарын）	3.70	12	110
巴班斯克（Папанское）	1981	阿克布拉河（Ак-Бура）	2.60	7.1	120
图尔特古里（Турткульское）	1971	伊斯法纳河（Исфана）	0.90	6.6	3
乌奇科尔甘斯克（Уч-Коргонское）	1964	纳伦河（Нарын）	0.525	4	31
纳伊曼斯克（Найманское）	1968	阿布希尔赛河（Абшир-Сай）	0.40	3.2	40
阿拉阿尔钦斯克（Ала-Арчинское）	1968	阿拉阿尔恰河（Ала-Арча）	0.39	5.21	22
巴扎尔科尔甘斯克（Базар-Корганское）	1962	卡拉温库尔河（Кара Ункур）	0.30	2.8	25
索库卢克斯克（Сокулукское）	1968	索库卢克河（Сокулук）	0.115	1.77	28

资料来源：Государственное агентство охраны окружающей среды и лесного хозяйства, «Национальный доклад состояния окружающей среды Кыргызской Республики за 2006－2011 годы», Бишкек－2012., Раздел 3. Водные ресурсы。

表60　　　　　　　　　　吉尔吉斯斯坦的灌溉体系

水库名称	所在州	年份	库容（万立方米）	坝高（米）	灌溉面积（公顷）
阿拉—阿尔钦斯克水库（Ала-Арчинское русловое）	楚河州	1986	9000	35	20000
阿拉—阿尔钦斯克灌区（Ала-Арчинское наливное）	楚河州	1966	5100	24.5	17500
巴扎尔—库尔干斯克（Базар-Курганское）	贾拉拉巴德州	1962	2250	25	8000
卡拉—布林斯克（Кара-Буринское）	塔拉斯州	2006	2700	58	7915
基洛夫斯克（Кировское）	塔拉斯州	1975	57000	86	142000
乃蛮斯克（Найманское）	奥什州	1966	3950	40.5	6000
奥尔托—托科伊斯克（Орто-Токойское）	伊塞克湖州	1962	47000	52	220000
巴班斯克（Папанское）	奥什州	1985	26000	100	45000
索库克斯克（Сокулукское）	楚河州	1968	1150	22.5	4000
斯巴尔达克（Спартакое）	楚河州	1978	2280	15	3000
斯捷普宁斯克（Степнинское）	楚河州	1935	80	3.5	1880
托尔特—古里斯克（Торт-Гульское）	巴特肯州	1971	9000	34	11500

资料来源：Государственное агентство охраны окружающей среды и лесного хозяйства, «Национальный доклад состояния окружающей среды Кыргызской Республики за 2006－2011 годы», Бишкек－2012., Раздел 3. Водные ресурсы。

（二）土地政策

1999年6月2日，吉尔吉斯斯坦议会通过《土地法典》，其中第一章"总论"第四条"土地所有权"规定：吉尔吉斯斯坦土地属于国家、地方、私人和其他所有制形式；牧场不得属于私有或出租。第三章"土地类型"将吉尔吉斯斯坦土地分为7大类：农用地；住宅用地；工业、交通、通信、国防和其他用途地；自然保护区；林地；水利用地；储备土地。

2001年1月11日生效的《农用土地管理法》规定：第一，允许在农用地上常住不少于2年的吉尔吉斯斯坦公民拥有农用地所有权，有权将自己的农用地出售、抵押、租赁、作为遗产继承。

公民可以拥有农用地的最大规模是当地人均农用地面积的20倍，但不得超过50公顷。第二，凡年满18周岁、在农村常住不少于2年、具有农业生产经验的吉尔吉斯斯坦公民有权购买农用地。国家保留牧场和34.06万公顷农用地所有权（作为储备土地）。第三，禁止将土地卖给外国、外国的公民和法人、无国籍人、吉尔吉斯斯坦境内的外商合资企业、有一方是外国人或无国籍人的夫妇。第四，国家有权因战略和公用设施建设而征收私有的农用地，但须按市场价格支付土地费用或从储备土地中划拨等值地块。

《土地法典》第5条"外国人的土地区块权利"规定：第一，除法律有专门规定外，禁止向外国人提供和转让农用土地私有权。根据继承法向外国人转移农用土地，依照本法第37条第2、3款规定程序进行。第二，允许向外国人和外国法人提供居住点（城市、村庄、农村居民点）土地，供其在一定期限内利用（临时利用），或者根据吉尔吉斯斯坦抵押法规定，在住宅抵押贷款期间转让住宅所有权。第三，吉尔吉斯斯坦政府可向外国人提供除居住点以外的土地区块，包括农用地，供其在一定期限内利用（临时利用）。其他情况下，可根据继承法程序，向外国人提供、转让、转移居住点以外的土地区块的期限内利用（临时利用）的权利。第四，外国银行和专门信贷机构有权在一年内拥有追偿农用土地区块的所有权。

据吉尔吉斯斯坦国家登记总局不动产权登记司数据，截至2012年1月1日，吉尔吉斯斯坦土地总面积1999.49万公顷，其中农用地567.49万公顷，居住用地27.29万公顷，工业、交通、通信、国防和其他用地22.42万公顷，专门自然保护区70.73万公顷，林地261.78万公顷，水域和水利用地76.73万公顷，土地储备973.05万公顷。

表61 吉尔吉斯斯坦土地类型统计（2012年1月1日） （单位：万公顷）

序号	土地类型	不动产数量（块）	总面积	耕地	多年生林地	果园	浆果	葡萄园	苗圃	桑田	其他	荒地	割草场	牧场	农用地面积
1	农用地	368468	567.49	118.91	3.24	2.43	0.01	0.5	0.01	0.26	0.03	3.2	14.37	298.71	438.43
1.1	私有	353716	106.37	94.29	2	1.6	0	0.35	0	0.05	0	0.98	8.23	0.08	105.58
1.1.1	家庭农场	351605	99.95	89.16	1.73	1.37	0	0.3	0	0.05	0	0.83	7.58	0.06	99.36
1.1.2	集体所有	144	2.13	1.61	0.02	0.02	0	0	0	0	0	0	0.49	0	2.12
1.1.3	股份公司所有	85	0.44	0.17	0.04	0.04	0	0	0	0	0	0.08	0.01	0.02	0.32
1.1.4	农村合作社土地	1882	3.86	3.35	0.22	0.17	0	0.05	0	0	0	0.07	0.15	0	3.79
1.2	国有	14752	461.12	24.62	1.24	0.83	0.01	0.15	0.01	0.21	0.03	2.22	6.14	298.63	332.85
1.2.1	农用土地	12746	26.78	21.52	0.88	0.57	0	0.14	0.01	0.14	0.02	0.85	3.53	0	26.78
1.2.2	畜牧育种用地	43	1.4	0.31	0.01	0.01	0	0	0	0	0	0	0.05	0.86	1.23
1.2.3	种子用地	113	1.53	1.38	0.02	0.02	0	0	0	0	0	0	0.01	0.09	1.5
1.2.4	科研试验用地	61	0.2	0.11	0.02	0.02	0	0	0	0	0	0	0	0.04	0.17
1.2.5	其他用途	973	10.98	0.77	0.1	0.09	0	0.01	0	0	0	0.02	0.06	9.71	10.66
1.2.6	村属土地	1580	429.23	7.07	0.37	0.24	0.01	0.01	0	0.1	0.01	2.16	3.98	287.93	301.51
1.2.7	农用土地租赁	11982	17.77	14.98	0.71	0.45	0	0.13	0.01	0.11	0.02	0.04	2.04	0	17.77

续表

序号	土地类型	不动产数量（块）	总面积	耕地	多年生林地	果园	浆果	葡萄园	苗圃	桑田	其他	荒地	割草场	牧场	农用地面积
2	居住用地	3980	27.29	0.22	0.12	0.11	0	0	0	0	0.01	0	0.04	1.23	1.61
2.1	私有	1143	19.2	0.07	0.02	0.02	0	0	0	0	0	0	0.01	0.01	0.11
2.1.1	农村居民点	1112	16.96	0.03	0	0	0	0	0	0	0	0	0.01	0	0.04
2.1.2	城市国有	31	2.24	0.04	0.02	0.02	0	0	0	0	0	0	0	0.01	0.07
2.2	国有	126	3.07	0.06	0.02	0.02	0	0	0	0	0	0	0.02	0.98	1.08
2.2.1	农村居民点	90	1.47	0.01	0.01	0.01	0	0	0	0	0	0	0	0.52	0.54
2.2.2	城市居民点	36	1.6	0.05	0.01	0.01	0	0	0	0	0	0	0.02	0.46	0.54
2.3	市政所有	1587	5.02	0.09	0.08	0.07	0	0	0	0	0.01	0	0.01	0.24	0.42
2.3.1	农村居民点	986	2.8	0.02	0.02	0.02	0	0	0	0	0	0	0	0.23	0.27
2.3.2	城市居民点	601	2.22	0.07	0.06	0.05	0	0	0	0	0.01	0	0.01	0.01	0.15
3	工业、交通、通信、国防和其他用地	9165	22.42	0.13	0.02	0.02	0	0	0	0	0	0.02	0.01	6.69	6.87
3.1	私有	2861	0.69	0.02	0	0	0	0	0	0	0	0	0	0.06	0.08
3.2	国有	5271	21.06	0.11	0.02	0.02	0	0	0	0	0	0.02	0.01	6.51	6.67
3.3	市政所有	1033	0.67	0	0	0	0	0	0	0	0	0	0	0.12	0.12
4	专门自然保护区	484	70.73	0.06	0.04	0.04	0	0	0	0	0	0	0.09	21.45	21.64

续表

序号	土地类型	不动产数量（块）	总面积	耕地	多年生林地	果园	浆果	葡萄园	苗圃	桑田	其他	荒地	割草场	牧场	农用地面积
4.1	私有	166	0.45	0.01	0	0	0	0	0	0	0	0	0	0.01	0.02
4.2	国有	313	64.84	0.05	0.04	0.04	0	0	0	0	0	0	0.09	21.44	21.62
4.3	市政所有	5	5.44	0	0	0	0	0	0	0	0	0	0	0	0
5	森林	248	261.78	0.66	0.22	0.19	0	0.01	0.02	0	0	0.03	0.86	95.47	97.24
5.1	其中：租赁	21	10.06	0.08	0.02	0.02	0	0	0	0	0	0	0.09	8.96	9.15
6	水域和水利用地	356	76.73	0.02	0.01	0.01	0	0	0	0	0	0	0.01	0.23	0.27
6.1	私有	3	0	0	0	0	0	0	0	0	0	0	0	0	0
6.2	国有	353	76.73	0.02	0.01	0.01	0	0	0	0	0	0	0.01	0.23	0.27
7	土地储备	334	973.05	0.11	3.65	2.8	0.01	0.51	0.03	0.26	0.04	0.62	1.46	482.06	484.25
8	土地总面积	383035	1999.49	120.11	2.02	1.62	0	0.35	0	0.05	0	3.87	16.84	905.84	1050.31
8.1	其中：私有	357889	126.54	94.39	2.02	1.62	0	0.35	0	0.05	0	0.98	8.24	0.16	105.79
8.2	国有	21397	1861.83	25.63	1.55	1.11	0.01	0.16	0.03	0.21	0.03	2.89	8.59	905.32	943.98
8.3	市政所有	2625	11.13	0.09	0.08	0.07	0	0	0	0	0.01	0	0.01	0.36	0.54

资料来源：Департамент кадастра и регистрации прав на недвижимое имущество при ГРС Кыргызской Республики, Земельный фонд Кыргызской Республики, Отчет о наличии земель по Кыргызской Республике и распределении их по категориям, собственникам, землепользователям и угодьям по состоянию на 1 января 2012 года, http://gosreg.kg/index.php? option = com_ content&view = article&id = 114&Itemid = 149。

吉尔吉斯斯坦各类土地中，耕地共有120.11万公顷、多年生林地3.65万公顷、荒地3.87万公顷、割草场16.84万公顷、牧场905.84万公顷（其中夏季牧场约390万公顷，春秋季牧场约280万公顷，冬季牧场约240万公顷）。农用地中，共有耕地118.91万公顷、多年生林地3.24万公顷、荒地3.2万公顷、割草场14.37万公顷、牧场298.71万公顷。

（三）农业发展战略

根据相关法律，吉尔吉斯斯坦将粮食安全定义为"确保国家的物资储备足以满足90天居民日常生活的基本食物需求"。2012年，吉尔吉斯斯坦农业和土壤改良部制定了《2020年前农业发展战略》（简称《战略》），目的是提高农业生产的质量和效率，保障国家粮食和农业安全，发展农产品加工和出口，实现农业可持续发展。《战略》认为：粮食安全是一项涉及农业、市场、社会保障、食品卫生和安全、财政和宏观经济等多个领域的综合事务，而且与全球化紧密相连，国际市场既为吉尔吉斯斯坦农产品出口创造了一定有利条件，同时也加剧了外国农产品对本国市场的冲击。为此：

第一，2020年前吉尔吉斯斯坦种植业的主要任务：一是保证作物增产增收。二是提高单产效率，培育高产的优良种子。三是在保障安全的前提下提高化肥和作物保护剂使用水平，提高作物的抗病虫害能力。四是维护和提高土壤肥力。

第二，2020年前吉尔吉斯斯坦畜牧业的主要任务：一是增加牲畜家禽数量，提高肉、蛋、奶、毛的产量，提高畜牧产品出口量。二是改善牧场，发展饲料基地。三是提高防疫和兽医水平。四是发展育种基地，培育良种牲畜和家禽。

《战略》认为，吉尔吉斯斯坦当前粮食生产面临五大难题。

一是境内多山地，少耕地。截至2011年年底，全国耕地面积约120万公顷，人均0.25公顷，其中水浇地79.35万公顷（人均

0.18公顷)。农户户均占有耕地2.6公顷,其中水浇地1.8公顷。

二是本国粮食安全的保障程度(国产品占日常市场需求消费值的比重)较低,面包仅占42.8%,植物油占31.7%,糖占9.1%,肉占56.4%,水果和浆果等占21.8%,对进口农产品和食品的依赖程度较大。

三是缺乏对粮食和食品生产的预警和监管措施及手段,对粮食和食品的产量和质量缺乏有效调控和监督,转基因食品和假冒伪劣食品比重逐年增加,食品安全形势愈加严峻。

四是农业合作化程度较低。尽管国家给予农业合作社免征增值税、销售税、利润税等税收优惠,但受缺乏资金和管理人才、进入市场成本高等因素影响,吉尔吉斯斯坦国内的农业合作社(一般由7—50人组成,相当于中国的合伙企业)不仅数量少(2004年年底301家,2006年年底1240家,2011年年底426家),而且集中在生产环节(2011年约占合作社总数的88%),缺乏以农业服务为主的合作(如兽医、种子化肥站、农机站、技术咨询、市场营销等)。

五是农资应用率低。比如2009—2011年使用化肥的耕地仅占耕地总面积的35.9%、33.7%和32.1%。全国共有200多家种子站,但仅能保障小麦和大麦种子需求量的35%—40%,棉花种子需求量的50%—60%。农业机械设备的数量仅能满足需求的50%—60%,并且其中90%以上服役年龄超过20年。

表62　吉尔吉斯斯坦《2020年前农业发展战略》指标

农业生产主要指标	2015年	2017年	2020年
农业生产总值增长率(2011年价格=100)(%)	119	124	149
农产品加工在农业总产值中的比重(%)	18	21	26
生态农产品在农业总产值中的比重(%)	2	3	7
农业领域居民年均收入与全国平均收入的比值(%)	71	75	85
农业劳动生产率(2011年=100%)(%)	117	121	142

续表

农业生产主要指标		2015 年	2017 年	2020 年
农业劳动基金装备率（2011 年 = 100%）（%）		124	136	162
种植业单产量（千克/公顷）	2012 年	2015 年	2017 年	2020 年
小麦	1680	2090	2170	2260
大麦	1450	1770	1820	2000
粮用玉米	5580	5830	5950	6220
土豆	15900	16450	16590	17830
蔬菜	18110	19210	19290	19810
瓜果	21680	21690	21970	22280
水果和浆果	4810	5290	5600	5920
葡萄	1430	1450	1520	1800
棉花	2740	2930	3000	3130
烟草	2180	2550	2570	2640
糖用甜菜	19230	25000	26260	27760
油料作物	1070	1110	1180	1270
畜牧业单产量	2011 年	2015 年	2017 年	2020 年
每头奶牛年均产奶量（千克）	2030	2380	3260	3500
每只羊年均产毛量（千克）	2.6	3.1	3.5	3.6
每只鸡年均产蛋量（枚）	122	140	150	170
牲畜家禽数量	2011 年	2015 年	2017 年	2020 年
牛（万头）	133.88	147.23	154.59	165.41
其中：奶牛	68.41	75.25	79.01	84.54
羊（万只）	528.81	592.26	627.8	684.3
其中：母羊	363.49	407.1	431.53	470.37
马（万匹）	38.89	42	43.68	46.3
猪（万头）	5.92	6	8	10
牦牛（万头）	3.11	3.5	3.8	4.2
家禽（万只）	481.53	500.79	510.8	526.13
蜜蜂群（万个）	9.11	10.34	10.95	11.82

资料来源：Министерство сельского хозяйства и мелиорации Кыргызской Республики, "Стратегия развития сельского хозяйства Кыргызской Республики до 2020 года"。

（四）农业生产主体

吉尔吉斯斯坦农业生产主体主要分为两大类。

一是农工企业，具有法人地位，以公司制形式运作。

二是农户（或家庭农场），是以农民家庭成员为基本生产主体（如夫妻、子女、父母及其他亲属，彼此间不存在雇佣关系），在自有或租赁的土地上从事农业生产，可具有或不具有法人地位，但均需在有关部门注册登记。根据吉尔吉斯斯坦《农户（家庭农场）经营法》[①]，具有法人资格的农户（家庭农场）登记时需提供规定权利义务以及分配共有财产规则的章程和合同，属合伙企业性质；不具有法人资格的农户登记时需提供合同，属个体户性质。

独立后，吉尔吉斯斯坦经济改革的主要举措便是私有化和价格自由化。农业领域私有化大约于1997年结束，主要措施是将原先国营和集体所有的农场（不含土地）转为农民个人所有，使农业生产从原先以国营农场为主转为以农户（家庭农场）为主。目前，无论是数量还是产值规模，农户（家庭农场）都是吉尔吉斯斯坦最主要的农业生产主体，而国有和集体农场数量少，产值比重低。

表63　　吉尔吉斯斯坦农业生产主体数量（截至当年年底）　　（单位：家）

农业生产主体数量（家）	2010年	2011年	2012年
	331703	345184	357298
国有经济	64	65	60
集体经济	509	556	525

---

① Закон Кыргызской Республики от 3 июня 1999 года №47 «О крестьянском(фермерском) хозяйстве» (В редакции Законов КР от 4 января 2001 года N 1, 16 октября 2002 года № 142).

续表

农业生产主体数量（家）	2010 年	2011 年	2012 年
股份公司	42	44	42
农民集体经济	93	95	99
农业合作社	374	417	384
家庭农场（农户）	331059	344492	356642
国有和集体副业企业	538	538	
个体副业	726632	726632	
果园	405	405	
林业企业	71	71	
渔业企业	13	13	
农业从业人口（万人）	69.91	70.02	

注：根据法律定义，所谓"个体副业"是个人为满足其本人及其家庭自用需求的、非个体户形式（即无须登记注册）的劳动生产活动。

资料来源：Национальный статистический комитет Кыргызской Республики, годовая публикация 《Сельской хозяйство Кыргызской Республики 2006 – 2010》, Бишкек 2011., стр. 13. годовая публикация 《Сельской хозяйство Кыргызской Республики 2007 – 2011》, Бишкек 2012., стр. 13. Национальный статистический комитет Кыргызской Республики, разделы, сельское хозяйство, 7.1 Количество зарегистрированных субъектов сельского и лесного хозяйства, http://stat.kg/index.php?option = com_ content&task = view&id = 29&Itemid = 101。

为保障国家粮食安全，吉尔吉斯斯坦政府于 2008 年 7 月 31 日将原农业、水利和加工业部下属的国有企业"贸易和市场中心"改组为国有的"吉尔吉斯粮食集团"（www.aqrocorp.kg），主要任务是保障粮食供应，满足居民粮食需求。

吉尔吉斯斯坦粮食储备由直属政府的"国家物资储备基金"负责，每年约储备粮食 10 万—15 万吨。为确保国家粮食安全，该基金几乎每年都同哈萨克斯坦粮食合同集团签订年度粮食购销合同，小麦标准通常不低于 3 级，筋度不低于 23%。

吉尔吉斯斯坦最大的商品交易所是"吉尔吉斯万能商品交易所"（www.birja.kg），截至 2013 年年初共有 40 多种交易品种，采用电子交易结算方法，根据交易额收取0.1%—1%的佣金。

为加强农业信息建设，传播农业技术，为机构、农户、企业、贸易商架起沟通桥梁，使各方能够及时掌握市场信息，吉政府组建了三个信息咨询机构："农业市场信息中心"（www.agroprod.kg）、"农业网"（www.agro.kg）、"农业咨询服务局"（www.ras.kg）。

（五）粮食种植面积

吉尔吉斯斯坦全国种植总面积约120万公顷，其中约60万公顷（占50%—60%）是粮食作物，主要是小麦、大麦、玉米和豆类；25%—30%是饲料，主要是青草和青贮玉米等；10%—15%是瓜果蔬菜；10%—15%是经济作物，主要是向日葵等油料作物、棉花、烟草和甜菜等。

2008年以来，吉尔吉斯斯坦种植面积总体发展趋势是减少小麦、棉花、油料作物的种植面积，增加非主粮作物（玉米、大麦、豆类）、经济作物（蔬菜瓜果）和饲料作物的种植面积，既增加收入，又为丰富民众食品结构和提高畜牧生产服务。

表64　　　吉尔吉斯斯坦主要农作物种植面积统计　　（单位：万公顷）

	2012年	2013年	2014年	2015年	2016年	2012—2016年年均
总种植面积	116.57	117.04	118.12	118.59	119.24	117.91
粮食	56.86	58.74	58.83	57.60	55.80	57.57
小麦	32.45	34.66	33.95	29.73	27.04	31.57
大麦	14.74	14.72	15.56	17.39	18.46	16.17
燕麦	0.09	0.09	0.08	0.15	0.10	0.10
食用玉米	9.53	9.19	9.20	10.23	10.17	9.66
黍	0.004	0.004	0.003	0.004	0.004	0

续表

	2012 年	2013 年	2014 年	2015 年	2016 年	2012—2016年年均
其他粮食作物	0.05	0.08	0.04	0.10	0.03	0.06
大米	0.73	0.79	0.81	0.86	0.99	0.84
豆类	4.93	4.99	6.12	5.73	5.65	5.48
荞麦	0.004	0.003	0.002	0.004	0.002	0.00
土豆	8.16	8.05	7.89	8.45	8.22	8.15
油料作物	5.44	5.01	4.38	4.29	3.83	4.59
甜菜	0.56	0.67	0.73	0.50	1.13	0.72
棉花	3.10	2.34	2.33	1.43	1.66	2.17
烟草	0.34	0.31	0.20	0.06	0.02	0.19
蔬菜	4.54	4.42	4.49	5.15	5.15	4.75
瓜果	0.89	0.88	0.93	1.13	1.06	0.98
其他作物	0.02	0.04	0.04	0.07	0.09	0.05
饲料作物	31.00	30.80	31.37	33.32	35.64	32.43
多年生草	25.22	27.11	27.52	28.55	30.59	27.80

资料来源：Национальный статистический комитет Кыргызской Республики，《Сельское хозяйство Республики Кыргызстан 2012 – 2016》，3 посевная площадь сельскохозяйственных культур(в хозяйствах всех категорий)，Бишкек 2018。

表65　　　　　　　吉尔吉斯斯坦2016年各地种植面积　　　　（单位：公顷）

	楚河州	塔拉斯州	纳伦州	伊塞克湖州	奥什州	贾拉拉巴德州	巴特肯州	全国总计
粮食	241793	13714	25305	88260	96204	64332	37803	567411
小麦	112182	7088	10663	57507	50007	19536	13456	270439
大麦	104973	2238	14378	30264	16022	5734	11006	184615
玉米	24638	4377	47	—	27572	34707	10376	101717
稻米	—	—	—	—	2603	4335	2965	9903
豆类	606	52832	—	488	15	656	1915	56512
经济作物	10801	493	21	—	6892	9753	135	28095

续表

	楚河州	塔拉斯州	纳伦州	伊塞克湖州	奥什州	贾拉拉巴德州	巴特肯州	全国总计
甜菜	10801	493	21	—	—	—	—	11315
棉花	—	—	—	—	6842	9743	3	16588
烟草	—	—	—	—	50	10	132	192
油料作物	12549	987		3	7737	14358	1361	36995
向日葵	1974	722	—	3	5727	13227	1151	22804
红花	10575	265	—		2010	1131	210	14191
土豆	10935	13571	5999	26510	13157	9406	2577	82155
蔬菜	19978	3932	514	2611	9387	11837	3213	51472
瓜果	3871	48	—	—	2592	3893	170	10574
浆果	9091	2983	273	8068	9395	7083	12195	49088
葡萄	1282	10	—	—	627	1316	2365	5600
饲料玉米	1169	1	—	4	18	—		1192
一年生青草	433		4227	623	2144	—	1177	8604
多年生青贮饲料和干草	107964	24707	71384	61798	39628	37931	10367	353779
总种植面积	420472	113278	107723	188365	187796	160565	73278	1178199

（六）粮食生产

吉尔吉斯斯坦农业以种植业和畜牧业为主，渔业和林业产值微乎其微。农业总产出中，种植业产值占50%—60%，畜牧业占40%—46%，农业服务约占2%，林渔业约占0.2%。2000年以来，果蔬、粮食、肉类、鲜奶这四项产值约占吉农业总产出的80%以上，是吉尔吉斯斯坦农业的最主要增长点。

种植业产出结构中（占种植业产值的比重），土豆、水果和蔬菜约占50%，粮食和豆类占25%—35%，甜菜、烟草和棉花等经济作物占5%—10%，饲料作物占10%—20%。畜牧业产值结构中（占畜牧业产值的比重），肉类生产占55%—60%，奶及其制品占35%—40%，其余（蛋、毛、皮等）产值较小，占5%—10%。

据吉尔吉斯斯坦国家统计委员会数据，2012—2016年：

首先，从总量看，吉尔吉斯斯坦年均粮食总产量156万吨（133万—173万吨），其中小麦约占一半（计66万吨，54万—82万吨），玉米占60万吨（56万—64万吨），大麦占30万吨（21万—40万吨）；粮用豆类占9万吨（8万—10万吨），大米产量只有3万吨（2.3万—3.5万吨），土豆135万吨（131万—142万吨）。经济作物中，甜菜、籽棉和葵花子是主要品种，其中甜菜年均产量27万吨，籽棉6万吨，蔬菜96万吨，各类水果45万吨。

其次，从单位产量看，吉尔吉斯斯坦每公顷年均粮食产量2702千克，其中小麦2112千克，大麦1842千克，粮用玉米6094千克，粮用豆类1640千克，甜菜3.4万千克，籽棉2972千克，土豆1.64万千克，蔬菜1.9万千克。

最后，吉尔吉斯斯坦主要农作物是小麦、玉米、大麦、土豆、蔬菜、水果、甜菜、棉花、向日葵等。从地区结构看，南部的贾拉拉巴德州和奥什州以及北部的楚河州和伊塞克湖州4个地区是吉尔吉斯斯坦最主要农产区。实践证明，吉尔吉斯斯坦境内多山地，缺乏大面积的平整耕地，不适合发展类似俄罗斯和哈萨克斯坦那样的大规模农业机械化种植，而适合发展小型和多样化的种植业，如果蔬等，这是吉尔吉斯斯坦农业增长的有效途径之一，不仅占地相对少，而且出口前景好，产值效益高。

吉尔吉斯斯坦具有发展畜牧业的良好条件。境内没有沙漠，全国83%的土地（计960万公顷）适合发展天然牧场，而且牧场上60%—90%的天然牧草可作牲畜饲料（年300万—400万吨）。天然牧场分布在海拔600—4000米的山地上。高山牧场（海拔2600—4000米）面积约410万公顷，其中近一半（190万公顷）分布在海拔3000—4000米的高山上。

吉尔吉斯斯坦市场上肉类价格居高不下，主要是本土养殖成本高，产量不足，需大量依赖进口造成。其后果之一，是居民肉类消费结构改变，由过去以牛、羊等大牲畜肉类为主转为以鸡肉等家禽为主（尤其是鸡腿）。

本土养殖成本高的原因主要有：第一，极端气候增多，饲料价格上涨；第二，本土农户的畜牧养殖规模小，竞争力明显弱于大型农场；第三，草场退化，养殖户不得不迁往更远处的草场放牧；第四，销售环节增多。以前是养殖户直接去市场销售，现在则是卖给批发商，再由批发商去市场销售；第五，养殖户为追求更高利润而将肉类出口，造成本土市场供应量短缺。

表66　　　　　吉尔吉斯斯坦主要农作物产量　　　　（单位：万吨）

	2012年	2013年	2014年	2015年	2016年	2012—2016年年均
粮食（粗加工后）	133.38	170.09	132.75	172.31	172.81	156.27
小麦	54.05	81.94	57.27	70.46	66.15	65.97
大麦	21.27	30.99	19.71	37.02	41.53	30.10
燕麦	0.15	0.20	0.12	0.41	0.22	0.22
粮用玉米	57.83	56.82	55.61	64.19	64.87	59.86
黍	0.01	0.01	0.01	0.01	0.01	0.01
其他粮食作物	0.07	0.13	0.03	0.22	0.03	0.10
大米	2.31	2.72	2.82	3.02	3.48	2.87
粮用豆类	8.13	8.49	9.01	9.67	9.77	9.01
荞麦	0.01	0.003	0.002	0.01	0.01	0.01
土豆	131.27	133.20	132.07	141.67	138.84	135.41
甜菜	10.20	19.54	17.36	18.32	70.52	27.19
籽棉	8.47	6.86	6.90	4.41	5.21	6.37
烟草	0.74	0.65	0.44	0.13	0.05	0.40
油料作物	5.86	5.57	4.57	4.90	4.13	5.01
蔬菜	86.59	88.15	91.97	105.21	106.93	95.77
瓜果	19.33	19.58	20.02	24.86	23.73	21.50

续表

	2012年	2013年	2014年	2015年	2016年	2012—2016年年均
浆果	22.27	23.36	23.70	20.92	23.93	22.84
葡萄	0.79	0.81	0.85	0.57	0.86	0.78

资料来源：Национальный статистический комитет Кыргызской Республики, «Сельское хозяйство Республики Кыргызстан 2012 – 2016», Бишкек 2018, 4 Производство основных видов сельскохозяйственной продукции по категориям хозяйств Кыргызской Республики。

表67　　吉尔吉斯斯坦主要粮食作物的单位产量统计

（单位：千克/公顷）

	2012年	2013年	2014年	2015年	2016年	2012—2016年年均
粮食（粗加工后）	2340	2880	2250	2970	3070	2702
小麦	1680	2370	1690	2370	2450	2112
大麦	1450	2110	1270	2130	2250	1842
燕麦	1760	2180	1430	2720	2180	2054
粮用玉米	6020	6080	5970	6160	6240	6094
黍	1790	1560	1980	2090	2260	1936
大米	3170	3390	3460	3470	3470	3392
粮用豆类	1640	1690	1470	1680	1720	1640
荞麦	1430	970	960	1420	2290	1414
土豆	15900	16330	16520	16510	16630	16378
甜菜	19230	29340	23870	36300	62320	34212
籽棉	2740	2930	2960	3090	3140	2972
烟草	2180	2100	2190	2350	2450	2254
油料作物	1070	1100	1030	1110	1050	1072
蔬菜	18110	18680	19020	19230	19440	18896
瓜果	21680	22020	21360	21760	21940	21752
浆果	2810	4800	4780	4250	4870	4302
葡萄	1430	1390	1460	1010	1530	1364

注：粮食、小麦、大麦、大米的产量属初加工后产量，籽棉和烟草属计算重量。

资料来源：Национальный статистический комитет Кыргызской Республики, «Сельское хозяйство Республики Кыргызстан 2012 – 2016», Бишкек 2018, 5 Валовой сбор и урожайность сельскохозяйственных культур。

（七）粮食消费

吉尔吉斯斯坦食品加工业较落后，农产品主要用于居民食用消费。即使全部用于居民消费（不包括食品加工、饲料等消费），鸡蛋、水果、肉（主要是牛、羊肉）、植物油和糖等农产品和食品仍需进口保障，尤其是糖和植物油。

吉尔吉斯斯坦粮食年消费量100万—150万吨，若天气正常，本国产量通常可满足自身需求。蔬菜产量不仅足够本国需求，还有剩余可出口。但吉尔吉斯斯坦旱田所产小麦不适合加工成高等级面粉，每年仍需从国外进口，主要是哈萨克斯坦（每年30万—50万吨）。因品种关系，自产水果仅可满足国内市场40%—50%需求，但每年进口量不大。因国内加工能力较弱，植物油和糖约能满足国内市场需求的30%和10%，其余依靠进口，主要从俄罗斯和哈萨克斯坦进口。①

吉尔吉斯斯坦居民平均收入仅略高于日常消费支出，而职工平均工资则是日常消费支出水平的3—5倍。据吉尔吉斯斯坦国家统计委员会数据，2012—2016年，吉尔吉斯斯坦居民名义月收入从3215索姆提高到4258索姆，职工月均工资从7415索姆提高到14251索姆。同期，居民生活必需品标准（菜篮子最低生活保障线）从4341索姆增加到4794索姆，居民月均日常消费支出从2171索姆增加到2896索姆。受高物价和低收入影响，2012—2016年，吉尔吉斯斯坦居民日均能量摄取量为2237千卡。这个水平略高于世界卫生组织关于成年人维持健康水平所需的最低标准（日均2100千卡）。

---

① «Зависимость от импорта сельхозпродукции все еще актуальна - Минсельхоз Кыргызстана», http://www.kazakh-zerno.kz/index.php?option = com_content&task = view&id = 68574&Itemid = 109.

表68　　吉尔吉斯斯坦的居民收入统计

	2012年	2013年	2014年	2015年	2016年
居民月收入（索姆）	3215.8	3336.3	3957.5	4074.5	4258.0
其中：劳动和个体经营所得	2105.6	2128.5	2440.2	2647.3	2830.0
社会保障	536.6	572.8	618.6	662.0	704.3
农产品销售所得	428.3	479.1	719.2	571.0	544.4
个人资产所得	16.0	14.9	15.7	26.6	22.0
其他收入	129.3	141.0	163.9	167.7	157.4
居民月收入的购买力（千克/月）					
肉	11.4	11.7	12.2	12.2	14.9
奶	123.6	124.3	135.1	141.8	156.3
蛋（枚）	494.7	482.4	507.8	549.9	593.4
水产品	22.2	20.7	22.8	22.3	22.4
糖	61.8	67.6	74.9	78.0	79.0
植物油	34.3	35.1	42.5	44.2	45.6
动物油	13.2	12.8	14.3	14.8	14.9
土豆	207.9	159.5	147.7	221.1	275.7
面包	89.3	84.6	97.3	95.1	98.1
居民月消费支出（索姆）	2171.54	2384.21	2764.70	2936.22	2896.82
食品	1228.75	1301.39	1457.82	1564.89	1515.25
酒精饮料	4.98	4.33	4.25	4.29	3.07
非食品	522.5	600.28	755.93	787.35	772.81
服务	415.4	478.21	550.96	583.98	608.76
居民月均实际消费食品（千克/月）					
面包	10.5	10.6	10.8	10.4	10.9
土豆	3.8	3.8	3.7	3.7	4.0
蔬菜和瓜果	6.2	6.2	6.4	6.2	6.5
水果和浆果	1.9	1.9	2.1	1.8	2.0
肉及其制品	1.7	1.6	1.7	1.6	1.7
奶及其制品	6.1	6.6	6.7	7.7	7.0

续表

	2012 年	2013 年	2014 年	2015 年	2016 年
动植物油	1.0	1.0	0.9	0.9	1.0
糖	1.2	1.2	1.1	1.1	1.1
蛋（枚）	5.0	5.2	5.5	5.4	4.9
鱼及其制品	0.1	0.1	0.1	0.1	0.1
酒类	0.1	0.1	0.1	0.1	0.1
职工月均工资（索姆）	7415	7429	9174	20769	14251
人均月最低生活保障线（索姆）	4341.15	4599.21	4981.51	5182.99	4794.34
全国贫困人口比例（%）	38.0	37.0	30.6	32.1	25.4
人均每日获取食物热量（千卡）	2189.0	2243.0	2254.0	2213.3	2288.1
人均每日获取蛋白质（克）	58.8	60.3	61.2	59.4	61.8
人均每日获取脂肪（克）	58.9	60.9	62.5	61.9	63.9

资料来源：Национальный Статистический Комитет Кыргызской Республики, Разделы статистики, Уровень жизни населения, http：//stat.kg。

表69　2017年吉尔吉斯斯坦部分农产品消费统计　（单位：万吨）

	粮食及其制品	小麦及其制品	土豆	蔬菜瓜果	水果	肉及其制品	奶及其制品	蛋（亿枚）	植物油	糖及其制品
年初库存	92.38	23.49	81.81	53.77	4.94	0.55	5.99	0.6110	1.18	0.87
本国生产	182.27	60.10	141.60	134.58	24.06	24.10	155.60	5.1070	1.12	10.26
进口	44.30	40.79	1.06	4.54	7.69	2.47	10.74	0.0190	4.62	4.71
供应总量	318.95	124.38	224.47	192.89	36.69	27.12	172.33	5.7370	6.92	15.84
种子消费	12.64	6.02	29.07	0.04	—	—	—	—	—	—
饲料消费	106.81	17.39	22.17	17.65	1.91	—	12.31	0.0990	—	—
损失	5.60	0.56	22.37	6.57	3.00	0.03	0.18	0	—	0.01
出口	7.00	0.59	1.32	3.89	3.10	0.12	10.90	0.2730	0.01	0.14
居民消费	106.86	88.98	63.36	103.67	23.51	23.64	139.19	4.9790	6.42	13.51
总消费	238.91	113.54	138.29	131.82	31.52	23.79	162.58	5.3510	6.43	13.66
年底库存	80.04	10.84	86.18	61.07	5.17	3.33	9.75	0.3860	0.49	2.18

资料来源：Национальный статистический комитет Кыргызской Республики, «Информационный бюллетень Кыргызской Республики по продовольственной безопасности и бедности», 2/2018 Бишкек 2013, Приложение 3. Продовольственный баланс по базовым продуктам питания。

（八）粮食进出口

吉尔吉斯斯坦进口规模较大的商品（进口值超过0.3亿美元）主要有能源（如成品油）、粮食和食品、化工产品、机械设备（如矿山采掘设备、汽车配件等）、木材等。主要进口来源地首先是独联体国家，尤其是俄罗斯、哈萨克斯坦和乌兹别克斯坦，是能源和粮食产品的最主要来源地。其次是中国，是日用品和家电的最主要来源地。粮食主要从哈萨克斯坦和俄罗斯进口，每年约进口小麦30万—50万吨，面粉5万—10万吨，大米1万—2万吨。

吉尔吉斯斯坦出口商品始终以原材料和低附加值商品为主，工业制成品和高附加值商品所占比重较小。2008年以来，吉尔吉斯斯坦每年出口超过千万美元的农产品主要是蔬菜、水果、奶制品、棉花、烟草，不足千万但超百万美元的农产品主要有整头牲畜和肉制品。水果蔬菜近些年出口值增长较快，主要得益于哈萨克斯坦等周边国家需求量加大。

吉尔吉斯斯坦出口的农产品以经济作物和畜牧产品为主，粮食出口量极小，可以忽略不计。主要出口对象是周边国家。奶制品主要出口到哈萨克斯坦；蔬菜水果约一半出口至哈萨克斯坦，剩余部分销至土耳其和俄罗斯；棉花90%出口至俄罗斯；羊毛制品几乎全部出口至中国。

表70 吉尔吉斯斯坦进出口农产品统计

	2012年	2013年	2014年	2015年	2016年
出口（吨）					
牛（头）	6554	6462	4151	2781	7529.0
肉及其制品	565.4	727.3	72790.4	20056.6	1034.3
奶及其制品	26935.9	14111.3	106986.8	50607.2	19704.3

续表

	2012年	2013年	2014年	2015年	2016年
玉米	—	508.4	161.9	—	26.0
蔬菜	225189.9	235429.3	476766.0	306707.8	177625.5
水果	85340.0	80854.7	63385.2	32334.9	21020.7
糖	1.9	0.4	12.9	1.2	6.1
糖浆	5507.0	3720.6	6195.1	2238.5	5659.1
烟草	3577.5	3833.8	5194.4	2928.5	1472.4
牛皮（万张）	1202	1264	980	979	542
羊皮（万张）	1971	2003	1751	676	115
毛	1065.9	1497.2	1150.6	1568.8	1633.5
毛线	7.1	—	1.6	—	3.2
棉纱	26931.7	15471.6	18562.8	16039.6	15349.7
出口（万美元）					
出口总额	192762	200685	188373	148294	157321
牛（头）	441	452	321	196	40
肉及其制品	609	721	414	3734	62
奶及其制品	2781	1767	2513	2718	2261
玉米	—	14	4	2	1
蔬菜	8669	10743	8508	6840	9282
水果	4775	4132	2179	3077	3143
糖	0	0	1	1	0
糖浆	71	37	77	27	36
烟草	1193	1424	2046	1220	319
牛皮（万张）	470	333	308	365	135
羊皮（万张）	154	210	168	55	7
毛	64	114	80	82	58
毛线	4	0	0	0	2
棉纱	3388	1988	2408	2001	2052
进口（吨）					
肉及其制品	76631.5	60092.0	64945.1	44942.6	37199.1
奶及其制品	11420.2	11033.3	10141.6	8168.2	7047.8

续表

	2012 年	2013 年	2014 年	2015 年	2016 年
茶	4899.4	4678.9	4181.1	3721.7	3145.2
小麦	438400.1	361665.9	449930.8	336199.8	283733.8
玉米	1778.6	3869.8	1169.4	5472.9	260.0
大米	25987.4	21658.0	20227.0	17096.3	10583.2
小麦面粉	119645.2	139948.2	57103.5	52149.6	48705.7
植物油	43083.1	48933.1	54399.4	62096.1	36008.8
糖原料	117.5	—	0.3	141.7	5625.7
糖	82683.5	82724.3	82720.3	69974.2	81310.9
糖浆	—	0.1		3.1	
巧克力	19958.2	19921.5	20246.4	14214.3	12176.5
进口（万美元）					
总计	557626	598698	573470	415386	400044
肉及其制品	7635	8729	9853	6394	2246
奶及其制品	2054	1846	1655	1127	984
茶	864	939	873	946	957
小麦	9356	8979	10044	6320	7127
玉米	48	137	104	41	53
大米	1253	1172	1233	921	498
小麦面粉	3322	4413	1726	2223	1546
植物油	6110	6762	6125	5662	4647
糖	6293	5696	5761	3951	4484
糖浆	—	0	4146	0	0
巧克力	8364	7019	6388	4706	3916

资料来源：Национальный Статистический Комитет Кыргызской Республики，Разделы статистики，Внешнеэкономическая деятельность，4.03.00.10 Экспорт основных видов товаров（тыс. долларов），4.03.00.02 Экспорт товаров по разделам Товарной Номенклатуры Внешнеэкономической Деятельности（ТНВЭД），4.03.00.21 Экспорт основных видов товаров в натуральном выражении（тонн），http://stat.kg。

九 塔吉克斯坦的粮食状况

塔吉克斯坦是位于中亚东南部的内陆国,西部与乌兹别克斯坦、北部同吉尔吉斯斯坦、东部与中国新疆维吾尔自治区、南部与阿富汗接壤,全国面积14.25万平方千米,东西长700千米,南北长350千米。

塔吉克斯坦属山地国家,多山地和高原,有"高山国"之称。境内93%位于山区,海拔300—7495米。北部的山脉属天山山系,中部属吉萨尔—阿尔泰山系,东南部为冰雪覆盖的帕米尔高原,全国最高处为共产主义峰,海拔7495米。北部是费尔干纳盆地的西缘,西南部有瓦赫什谷地、吉萨尔谷地和喷赤河谷地等。

塔吉克斯坦行政区划共分为5个州级行政区,其中1个直辖市(杜尚别市)、1个中央直属区和3个州(戈尔诺—巴达赫尚州、索格特州、哈特隆州)。截至2018年1月1日,塔吉克斯坦全国人口共计783.90万,其中城市人口占26.4%,农村人口占73.6%。

(一)气候和水资源

塔吉克斯坦属大陆性气候,具有两大特征:一是因境内多山地,气温和降水随海拔高度变化;二是境内南北两地因被吉萨尔山脉和帕米尔高原分割,呈现不同气候特征,降水和温差较大。塔吉克斯坦年均日照时间 2100—3170 小时，山区较少，吉萨尔山脉和泽拉夫尚河谷地最多。

谷地和平原地区 7 月平均气温 30℃—32℃，1 月平均气温 -16℃—-20℃，无霜期通常 250—260 天。山区气温随海拔而变化，海拔 2500 米以上地区，1 月平均气温 -17℃—-26℃，最低可达 -63℃，7 月平均气温 14℃，无霜期通常 111 天。

塔吉克斯坦年均降水量 150—250 毫米，境内大部分降水集中在冬季和春季，夏秋季节相对干燥。降水较少的地区主要是西南部的山区谷地、东部的帕米尔高原、北部的费尔干纳盆地和土尔克斯坦山麓等地，年降水量约 50—300 毫米。其他地区降水较多，年均降水量可达 900 毫米，吉萨尔山区个别地方超过 1500 毫米。帕米尔高原海拔 3500 米以上地区可终年积雪。

根据 1940—2005 年的气象观察，塔吉克斯坦年均气温平均每 10 年升高 0.1℃—0.2℃。在 65 年间，大部分地区平均升温 0.5℃—0.8℃，山区升幅 0.3℃—0.5℃。升幅最高的地区是丹加拉（1.2℃）和杜尚别（1℃），升幅最低的是北部的苦盏（0.3℃）。升幅低主要得益于该地区灌溉发达，建有凯拉库姆水库，可调节气候和降水。预计 2050 年前，塔吉克斯坦全境年均气温可能再升高 1.8℃—2.9℃。①

塔吉克斯坦水源主要来自冰川融水。境内大部分海拔 3500—3600 米以上的高山终年积雪。境内共有冰川 9550 处，总面积达 8476 平方千米（约占国土面积的 6%，占中亚冰川总面积的 60%），其中约 6200 平方千米集中在帕米尔地区。这些冰川所蕴藏的水资源高达 4600 亿立方米，约占中亚地区全部水资

---

① «the second national communication of the republic of tajikistan under the UN framework convention on climate change», «Третье Национальное Сообщение Республики Таджикистан по рамочной Конвенции ООН об Изменении Климата»(РКИК ООН).

源的一半。最大的冰川是费琴科冰川，长77千米。

塔吉克斯坦境内约有1300处湖泊，平均海拔3500米，主要分布在帕米尔高原，总面积为705平方千米，约占领土面积的0.5%，最大的湖泊卡拉库利湖（即邻近中国新疆的喀拉湖），为盐水湖，面积380平方千米；海拔最高的湖泊是恰普达拉湖（4529米）。

塔吉克斯坦境内长度超过10千米的大小河流有947条，流程总长度超过2.85万千米，年径流量高达780亿立方米。大部分河流属咸海水系，分别属于阿姆河流域、泽拉夫尚河流域及锡尔河流域，其中长达500千米以上的河流有4条，长度在100—500千米的河流有15条。主要河流有：喷赤河（921千米）、泽拉夫尚河（877千米）、瓦赫什河（524千米）、锡尔河（110千米）。

塔吉克斯坦水电资源总储量为5270.6亿千瓦时/年，居世界第八位（排在中国、俄罗斯、美国、巴西、刚果民主共和国、印度和加拿大之后），约占世界水电资源总储量的4%。若按年人均占有量计算，居世界第二位（排在冰岛之后），约为9043千瓦时。若按国家领土单位面积计算，居世界第一位，平均每平方千米的水电储量为383.72千瓦时/年。据测算，在水电总储量中，具有经济开发价值的储量每年约有880亿千瓦，但是目前只开发利用约160亿千瓦时。

塔吉克斯坦每年水资源消费量190亿—220亿立方米，基本结构是：灌溉占84%，居民饮用占8.5%，工业占4.5%，渔业占3%。因交通和通信基础设施落后，水资源利用往往难以达到合理状态，如水文监测设备不足，造成各灌溉区难以实现水量调节。塔吉克斯坦约40%灌溉区建有泵站（其中64%在索格特州），其中约30%的泵站属5—7级提水设施，汲水250—300米及以上。

（二）土地政策

塔吉克斯坦境内土壤大体分为4大类，分别是灰钙土（海拔300—900米）、山区棕色土（海拔900—2800米）、高山草甸土（海拔2600—4000米）、雪原土（4800—4900米）。

塔吉克斯坦于1996年12月13日通过《土地法典》，后于2004年8月发布《土地利用规划》，对各类土地现状和未来作出具体利用方案。《土地法典》规定：塔吉克斯坦境内所有土地均属于国家资产，任何人不得向国家索取先人的土地。所有土地均属统一的国家土地储备体系，并根据用途分为7种类型：一是农用地；二是住宅用地；三是工业、交通、通信和国防用地；四是自然保护区；五是林地；六是水利用地；七是国家储备用地。（第9条）变更土地用途需由政府根据法律规定程序进行。将耕地、林地、草场和牧场转为农业用地的非农类型，将耕地和林地转为草场和牧场，以及将水浇地转为旱地由中央政府决定。将草场、牧场和其他土地转为耕地和林地（无论面积大小），将耕地转为林地，以及将林地转为耕地由地方政府决定。

《土地法典》规定：（第11—14条）土地利用期限分为永久使用、终生使用、定期使用和租用4种方式。其中永久使用是国家提供给公民和法人的生产生活用地，可无限期使用。终生使用是国家提供给公民或集体组织的、用于从事农业和手工业生产的土地，以及提供给公民的宅旁地块。终生使用的土地在权利人去世后需重新登记。公民的宅旁地块转让给法人后，该地块转为永久使用。定期使用是自然人和法人在一定期限内使用地块的权利，分为短期（3年以内）和长期（3年及以上，20年以下）。土地原始使用人可根据约定，出租自己的地块，租期不得超过20年，且不得变更土地使用性质。

《土地法典》第25条规定：外国的自然人和法人可使用塔

吉克斯坦土地，期限不得超过 50 年。特别保护区的土地不得提供给外国的自然人和法人。另外，塔吉克斯坦《外国投资法》第五章"外国投资者利用土地和其他财产的权利"中规定：(第32 条) 外国投资者和外商投资企业可以依法利用土地，包括租赁土地。建筑和设施及其附属物所有权转移时，其所在地块的土地利用权利依照法律规定的程序和条件同时转移。(第 33 条) 外国投资者和外商投资企业在获得塔吉克斯坦政府颁发的相关许可证后，有权勘探、开发和利用经济区内的自然资源。(第 34 条) 出租人向外国投资者和外商投资企业出租财产，需签订合同，并遵守与租赁有关的法律。(第 35 条) 外国投资者和外商投资企业勘探、开发和利用可再生自然资源和不可再生自然资源需同塔吉克斯坦政府相关授权单位签订特许协议。特许协议确定外国投资者的活动条件。

独立后至今，塔吉克斯坦各类土地的变化特点主要有：一是森林面积减少。2000—2010 年减少 1.2 万—1.3 万公顷。据统计，塔吉克斯坦国内约 70% 的居民（主要是农村地区）将木材作为生活燃料，尤其在冬季缺乏能源时，只能砍树烧火取暖。二是工业用地面积减少，主要是工业在内战期间遭受破坏，一些企业用地已转为其他用途。三是自然保护区面积增加，共计 263 万公顷，主要是政府成立"国家公园"（占地 260 万公顷）。四是居民区面积增长，主要是人口增长所致。五是农用地和水源地面积变化不大。

塔吉克斯坦农用地包括耕地、多年生植物用地（果园）、荒地、草场和牧场、农业生产、储存和初加工所需的道路、公用设施、水库水塘、水利设施等占用的土地，以及上述用地范围内的非农业用地。独立后，塔吉克斯坦农用地的开发利用出现新特点：

第一，随着人口增长，人均耕地面积缩小。全国可耕地面积约 80 万公顷，其中 70% 是水浇地。人均耕地面积从 1970 年的 0.17 公顷缩小到 2010 年的 0.08 公顷。

第二，土壤退化现象较严重，尤其是土壤沙化、盐碱化和水土流失，实际可利用耕地面积减少。主要原因是灌溉系统在独立后内战期间遭受破坏、灌溉技术比较原始、气候变暖，水分蒸发量加大等。全国约 15%（11 万公顷）耕地出现盐碱化。

第三，旱地和荒地未能得到有效开发利用，部分土地闲置。

第四，牧场面积略有增加。

表71　　塔吉克斯坦农用地类型统计（当年1月1日）（单位：万公顷）

	1999 年	2004 年
耕地	73.99	72.02
水浇地	51.24	50.28
果园（水果、葡萄、桑树等）	10.29	10.24
荒地	2.61	2.30
草场	2.35	2.23
牧场	369.26	376.15
已被利用的夏季牧场		159.13
冬季牧场		65.99
春秋牧场		59.01
全年牧场		22.24
宅旁地块	17.32	
水浇地	10.77	
林地	32.63	

资料来源：постановление Правительства Республики Таджикистан от 31 августа 2004 года № 349 «Концепция использования земель в Республике Таджикистан». UNDP, отчёт «Интегрированная оценка состояния окружающей среды в Таджикистане», Распределение единого государственного земельного фонда Республики Таджикистан по категориям на 01.01.2004г.。

（三）农业发展战略

塔吉克斯坦的粮食安全涉及若干部门。2011 年 8 月 1 日，塔吉克斯坦成立"粮食安全委员会",由政府总理牵头,协调相关部门制定统一的农业发展战略,提高农民种粮积极性,发展本国农业生产,减少进口依赖。

塔吉克斯坦结束内战实现和平后,为更好地指导规划未来经济社会发展,塔吉克斯坦政府陆续出台若干发展战略,其中涉及农业的文件主要有:

一是系列《减贫战略文件》,是塔吉克斯坦在世界银行指导下,规划本国经济发展和减贫工作的指导文件,确定四个基本方向:其一,促进既快又公平的经济增长,发掘劳动力潜力和出口潜力;其二,提供高效且公正的社会服务;其三,对最贫困居民实行专门救济;其四,提高国家安全水平。第一期减贫战略2002年5月30日发布,部署2002—2006年工作,此后每3年制定一次具体落实措施,包括《2007—2009年减贫战略》和《2010—2012年减贫战略》。

二是2007年4月3日发布的国家总体发展战略文件《2015年前国家发展战略》。该文件出台后,《减贫战略文件》便成为其落实措施的组成部分。《国家发展战略》共涉及三大板块:第一,基础领域,主要是国家管理、投资环境、宏观经济政策、私营企业和中小企业发展、区域合作等。第二,生产领域,主要是确保经济发展的物质条件,如粮食安全、基础设施、能源和工业。第三,社会领域,主要是教育、卫生医疗、科技、饮用水安全、社会保障、性别平等、生态和环境保护等。

三是2008年12月31日《农业政策构想》。旨在发展种植、种子、棉花、畜牧、养马、水产、养蜂、水果、园林、葡萄等,提高农业生产效率,保证国内粮食安全。该文件对国内农业生产现状作出深刻分析,指明未来发展规划和基本原则,是未来出台具体应对和落实措施的重要指导文献。

四是2010年12月29日塔吉克斯坦颁布的《粮食安全法》。

规定国家粮食安全的衡量指标：第一，主要食品年产量不低于该商品居民年消费量的80%；第二，供应市场的食品质量、热量和安全符合国家技术标准和技术规范；第三，消费市场上的食品供应量足以满足居民需求，且不低于相关消费指标。①

五是2011年4月塔吉克斯坦农业部提交的《2011—2020年农业改革纲要》。计划分三个阶段，对塔吉克斯坦农业实行现代化改造升级：2011—2012年为准备阶段，重点是调整和修订相关法律和政策；2012—2015年为深化阶段，重点是改善农业管理、发展多种生产和经营、建立农产品市场基本框架结构；2015—2020年为收获阶段，重点是提高农业产量和利润。

2016年，塔吉克斯坦发布《2030年前国家发展战略》，确定能源、粮食和交通为国家三大发展重任，并将能源领域任务目标由"能源独立"转为"能源高效利用"，将交通领域任务目标由"走出交通困境"转向"建设交通枢纽国家"，将农业发展目标由"粮食安全"转向"保障人民享有优质食品"。

（四）农业生产主体

塔吉克斯坦的农业生产主体主要有两种形态：

一是农业企业，具有法人资格，一般实行公司制管理。

二是农户（dehkan farm），是农民个人、家庭或若干人在其自有或租赁土地上共同从事农业生产经营，共享劳动成果的生产经营形式，不具有法人资格，但需在相关部门登记注册。Дехкане是中亚、阿富汗和伊朗地区的单词，最初意思是"土地所有者""耕种土地的人"，后来泛指农民。塔吉克斯坦《农户（家庭农场）法》规定，根据劳动主体构成，农户又具体分为三种形式：

---

① Закон Республики Таджикистан от 29 декабря 2010 года №671 «О продовольственной безопасности».

第一种是个体农户，由一个农民构成；第二种是家庭农场，由一个农民家庭构成；第三种是合伙农户，由多人或多个家庭签订合伙协议形成。①

从生产主体看，塔吉克斯坦农业以农户生产为主，产值约占农业总产值的90%，其余是国有和集体农工企业等。塔吉克斯坦大型农工企业主要有"粮食集团""肉奶集团""食品集团"，均是塔吉克斯坦能源和工业部的下属国有企业。

塔吉克斯坦食品工业主要是蔬菜和水果加工，如罐头、膏、果汁、葡萄酒、肉制品、奶制品、矿泉水、烟草等。产值规模较大的食品加工企业主要有：①苦盏罐头厂，生产各类罐头食品；②塔吉克斯坦烟草集团；③杜尚别烟厂；④"希林"集团，主产糖果；⑤"西约马"集团，主产矿泉水和饮料；⑥"沙赫里瑙"集团，主产香槟、葡萄酒、白兰地等葡萄制品；⑦"奥比祖洛尔"饮料集团，主产饮料和矿泉水。②

（五）粮食种植面积

塔吉克斯坦每年农作物种植面积约90万公顷，占国土总面积的5%—6%。其中粮食约40万公顷，经济作物约50万公顷。粮食作物中，种植面积最大的是小麦（春小麦和冬小麦总计约30万公顷），其次是大麦4万—5万公顷，玉米和稻米各约1.3万公顷。经济作物主要是棉花（约20万公顷）、饲料作物（约10万公顷）、土豆（3万—4万公顷）、蔬菜（4万—5万公顷）、瓜果（约2万公顷）。从种植面积发展趋势看，2000年以来，

---

① Закон Республики Таджикистан от 19 мая 2009 года №526 «О дехканском (фермерском) хозяйстве».

② Министерство энергетики и промышленности Республики Таджикистан, «Пищевая промышленность», minenergoprom.tj/barnoma/ass1.doc.

塔吉克斯坦棉花和水果种植面积总体下降，同期，小麦、蔬菜和饲料玉米产量增加。

多年来，棉花是塔吉克斯坦仅次于铝锭的第二大出口商品，对出口创汇和财政收入贡献较大。2010 年以来，塔吉克斯坦逐步放松棉花生产监控，由国家指定任务向根据订单种植转变，慢慢减少棉花种植（为保证经济发展，每年仍维持20万公顷种植），既降低水资源消耗，又可将让出来的土地种植粮食和蔬菜等农作物，提高本国粮食安全。

表 72　　　　　　　塔吉克斯坦种植面积统计　　　　　　（单位：公顷）

	2011 年	2012 年	2013 年	2014 年	2015 年	2016 年	2011—2016 年年均
总种植面积	850395	860147	864826	828437	830578	837299	845280
灌溉面积	573188	577153	574480	560931	562269	562472	568416
冬作物	250652	247728	281454	264688	256294	259027	259974
冬小麦	230205	226215	258521	240109	233711	235007	237295
黑麦	75	155	196	2011	22566	40	4174
大麦	20372	21358	22737	22668	22566	23980	22280
春作物	176526	176604	155986	147938	166641	164433	164688
小麦	80974	77462	60080	52464	61921	62472	65896
大麦	50962	51497	50440	50857	54608	53624	51998
玉米	12776	13914	14048	14613	18950	16833	15189
稻米	13212	13177	11719	11107	11769	13678	12444
燕麦	2050	2396	2580	2438	2394	2536	2399
其他	16552	17759	17119	16372	16917	15290	16668
棉花	204110	199254	190925	177637	159642	162558	182354
亚麻	18638	18927	17465	15537	13435	12825	16138
烟草	376	482	633	302	154	121	345
土豆	36720	41738	44380	35543	39782	41577	39957
蔬菜	46885	48995	50727	48532	55424	58205	51461
饲料	86042	94881	91823	104620	102392	103265	97171

续表

	2011 年	2012 年	2013 年	2014 年	2015 年	2016 年	2011—2016年年均
瓜果	17218	18409	17353	19399	21358	19970	18951
其他工业作物	13228	12976	14017	14328	15456	15318	14221
种植面积比重（%）							
总种植面积	100	100	100	100	100	100	
灌溉面积	67	67	66	68	68	67.2	67
冬作物	29	29	33	32	31	30.9	31
冬小麦	27	26	30	29	28	41.8	30
黑麦	0	0	0	0	3	0.02	1
大麦	2	2	3	3	3	9.3	4
春作物	21	21	18	18	20	19.6	20
小麦	10	9	7	6	7	38	13
大麦	6	6	6	6	7	32.6	11
玉米	2	2	2	2	2	10.2	3
稻米	2	2	1	1	1	8.3	3
燕麦	0	0	—	0	0	1.5	0
其他	2			2	2	1.8	1
棉花	24	23	22	21	19	19.4	21
亚麻	2	2	2	2	2	1.5	2
烟草	0	0	0	0	0	0.014	0
土豆	4	5	5	4	5	5	5
蔬菜	6	6	6	6	7	7	6
饲料	10	11	11	13	12	12.3	12
瓜果	2	2	2	2	3	2.4	2
其他工业作物	2	2	2	2	2	1.8	2

资料来源：Агентство по статистике при Президенте Республики Таджикистан, аналистические таблицы, Реальный сектор, Распределение сельскохозяйственных угодий。

（六）粮食生产

塔吉克斯坦农业生产具备一定良好条件：一是日照充足，全国各地年均日照时间达2500—3000小时；二是水资源丰富，水量和水能储量大。不过，塔吉克斯坦境内土壤以灰钙土为主（属暖温带荒漠草原区弱淋溶的干旱土，表层弱腐殖化），目前主要有三种利用方式：一是作为天然放牧场，但放牧过度可引起土壤侵蚀和土壤退化。二是开垦为旱作农田，适合种植春小麦，但需做好水分和地温保护，减少土壤表面蒸发，抵抗风蚀。三是开辟为灌溉农田，可获得较高的生产力，但需合理轮作，增施肥料，以提高土壤肥力和作物产量。

在国际组织和外国政府的资金和技术援助下，以及海外劳动力的大量汇款推动下，塔吉克斯坦的农村和农业发展有很大进步，粮食产量和单位产量均有较大提高。

从总产量看，塔吉克斯坦农作物主要是小麦、玉米、土豆、蔬菜、水果、棉花。2012—2016年年均粮食产量135万吨，饲料玉米95万吨，食用玉米19万吨，稻米9万吨，籽棉35万吨，土豆95万吨，蔬菜156万吨，干草63万吨。

从单位产量看，总体上，各类作物的单产都是逐年提高。2012—2016年各类作物每公顷单产分别是：粮食3111千克，食用玉米1.1万千克，饲料玉米4.6万千克，稻米6815千克，土豆2.3万千克，蔬菜2.9万千克。

表73　　　　　　　塔吉克斯坦农作物产量　　　　（单位：万吨）

	2012年	2013年	2014年	2015年	2016年	2012—2016年年均
籽棉	42	39	37	27	29	35
粮食	123	139	132	139	144	135
食用玉米	18	18	19	20	21	19

续表

	2012 年	2013 年	2014 年	2015 年	2016 年	2012—2016 年年均
饲料玉米	85	96	109	101	84	95
稻米	8	8	8	9	10	9
土豆	99	112	85	89	90	95
蔬菜	134	149	155	167	175	156
水果	31	33	34	30	34	32
葡萄	17	18	19	20	22	19
干草	64	63	64	62	63	63
单位产量（100 千克/公顷）						
籽棉	2097	2060	2100	1691	2160	2022
粮食	2905	2770	3194	3294	3390	3111
食用玉米	12567	7660	12728	10606	12371	11186
饲料玉米	36853	36836	50610	54123	49765	45637
稻米	6252	6260	7203	7307	7053	6815
土豆	23744	24730	24027	22296	21601	23280
蔬菜	27398	24030	31938	30059	30037	28692
水果	3990	3960	4000	2130	3875	3591
葡萄	5285	5490	6117	5270	5795	5591
干草	4879	3138	6117	3134	1594	3772

资料来源：Агентство по статистике при Президенте Республики Таджикистан, Аналитические таблицы, Реальный сектор, Производство и сбор основных видов сельскохозяйственных культур 1985 – 2016, http：//www. stat. tj/ru/analytical-tables/real-sector/。

（七）粮食消费

塔吉克斯坦总体上属于缺粮国家。一般情况下，土豆、蔬菜瓜果等基本能够自给自足，但谷物、肉、蛋、奶、水果、植物油等需要依靠进口才能满足国内消费需求。塔吉克斯坦谷物年产量120万—150万吨，年库存25万—50万吨，同期年消费150万—190万吨，其中口粮消费约170万吨，种子和饲料消费约20万吨，工业消费几乎为零。这说明，塔吉克斯坦自产谷物尚不能满足口粮需求，这一点与很多国家大量进口粮食是为了面粉加工不同。正常情况下，塔吉克斯坦每年约进口谷物50万吨，逢天灾严重的年份可能超过100万吨。

表74　　　　　　　塔吉克斯坦部分农产品消费量统计

	粮食产品（转化为谷物计）（万吨）			土豆（万吨）		
年份	2010	2011	2012	2010	2011	2012
年初库存	40.61	25.81	36.50	31.17	26.32	71.28
本国生产	126.10	109.80	123.26	76.00	86.30	99.02
进口	47.03	47.10	122.09	2.57	1.26	3.31
供应总量	213.74	182.68	121.85	109.74	113.88	173.61
作为种子	10.97	6.82	9.67	31.27	11.80	13.85
作为饲料	4.65	9.02	32.05	—	—	—
损失	2.15	2.63	4.77	14.10	5.75	8.99
出口	0.02	0.02	0.06	0.05	—	0.01
居民消费	170.14	127.70	118.23	31.19	25.10	27.87
其他消费	—	—	2.60	6.81	—	1.32
消费总量	187.93	146.15	167.38	83.42	42.60	52.04
年底库存	25.81	36.53	114.47	26.32	71.28	145.76

	蔬菜瓜果（万吨）			水果和浆果等（万吨）		
年份	2010	2011	2012	2010	2011	2012
年初库存	45.37	63.84	145.76	1.35	0.28	21.82
本国生产	115.78	158.20	180.69	22.50	41.64	42.81
进口	0.08	0.44	1.38	1.76	1.90	2.27
供应总量	161.23	222.40	327.83	25.61	43.82	66.91

续表

	蔬菜瓜果（万吨）			水果和浆果等（万吨）		
年份	2010	2011	2012	2010	2011	2012
作为种子	—	0.03	0.27	—	—	—
作为饲料	8.20	0.14	6.23	—	—	—
损失	0.37	2.74	54.48	1.40	—	14.31
出口	19.91	8.43	6.30	1.79	1.48	1.40
居民消费	63.41	65.33	57.45	18.64	20.51	23.96
其他消费	5.50	—	3.59	3.50	—	3.59
消费总量	97.39	76.67	128.32	25.33	21.99	43.26
年底库存	63.84	145.76	199.51	0.28	21.83	23.65

	肉及其制品（万吨）			奶及其制品（万吨）		
年份	2010	2011	2012	2010	2011	2012
年初库存	18.91	22.50	28.26	54.90	67.05	86.93
本国生产	5.34	7.54	8.11	66.07	69.60	77.81
进口	6.98	6.65	6.07	0.74	1.21	0.98
供应总量	31.23	36.69	42.44	121.71	137.85	165.72
作为种子	—	—	—	—	—	—
作为饲料	—	—	—	2.98	0.63	18.91
损失	—	—	—	—	—	14.51
出口	—	—	—	—	—	—
居民消费	8.23	8.43	8.75	50.43	47.90	43.23
其他消费	0.50	—	—	1.25	2.41	11.92
消费总量	8.73	8.43	8.75	54.66	50.92	88.57
年底库存	22.50	28.26	33.69	67.05	86.93	77.15

	鸡蛋（亿枚）			植物油（万吨）		
年份	2010	2011	2012	2010	2011	2012
年初库存	0.049	0.116	0.361	0.29	0.69	1.16
本国生产	2.319	2.548	2.916	0.44	0.23	1.94
进口	0.061	0.635	0.112	7.50	8.80	7.94

续表

	鸡蛋（亿枚）			植物油（万吨）		
年份	2010	2011	2012	2010	2011	2012
供应总量	2.429	3.292	3.389	8.23	9.72	11.04
作为种子	—	—	—	0.00	—	—
作为饲料	—	0.014	0.207	—	—	—
损失	0.016	—	0.128	—	—	0.15
出口	—	—	—	—	—	—
居民消费	2.097	2.924	2.862	7.54	8.56	11.54
其他消费	0.200	—	0.192	—	—	—
消费总量	2.313	2.938	3.389	7.54	8.56	11.69
年底库存	0.116	0.361	—	0.69	1.16	0.65

	糖及其制品（万吨）			鱼及其制品（万吨）		
年份	2010	2011	2012	2010	2011	2012
年初库存	18.33	16.99	20.58	15.09	47.36	130.40
本国生产	—	—	0.46	68.80	84.32	111.30
进口	11.69	12.61	12.91	72.91	109.60	142.72
供应总量	30.02	29.60	33.95	156.80	241.30	313.97
作为种子	—	—	—	—	—	—
作为饲料	—	—	—	—	—	—
损失	—	0.01	0.03	—	—	19.96
出口	—	—	—	—	—	—
居民消费	8.68	9.01	9.55	89.44	110.90	118.10
其他消费	4.35	—	5.00	—	—	28.93
消费总量	13.03	9.02	14.58	89.44	110.90	166.99
年底库存	16.99	20.58	19.37	47.36	130.40	146.98

资料来源：Агентство по статистике при Президенте Республики Таджикистан, «Продовольственная базопасность и бедность», №4 – 2011, Приложение 5. Продовольственный баланс за 2008 – 2011 гг. Стр. 121, «Продовольственная базопасность и бедность», №4 – 2012, Приложение 5. Продовольственный баланс за 2009 – 2012 гг。

塔吉克斯坦民众生活水平总体不高，2016年全国职工月均工资1228索莫尼（约160美元），能满足基本生活需求且总体呈不断改善趋势。人均每日能量摄入量约2200千卡，略高于世界卫生组织的最低标准（日均能量摄入量不得低于2100千卡）。

从食品消费实物量看，2000年以来，肉、蛋、植物油、蔬菜的消费量总体呈上升趋势，面包、土豆、奶、糖等变化不大，水果总体呈下降趋势。2016年，塔吉克斯坦居民人均年消费面包151千克，鸡蛋68枚，奶及其制品40千克，肉及其制品15千克。

表75　　　　　塔吉克斯坦人均食物消费统计　　　　（单位：千克/年）

	1991年	2000年	2005年	2010年	2012年	2013年	2014年	2015年	2016年
肉及其制品	26.1	4.4	8.3	11	11.2	14	14.9	14.6	14.8
奶及其制品	171	64.9	48.2	60.9	58.0	52.0	58.7	57.5	39.5
蛋（枚）	88	19	24	40	60	62	71	72	68
糖及其制品	12.6	6.7	11.0	12	13.6	13.4	14	13.7	14.3
面包	155	148	155	160.6	154.1	157	153.1	150	151.5
土豆	33.2	37.8	32.2	35	34.7	38.6	33.3	35.8	39.1
蔬菜瓜果	94.2	98.5	79.4	70.7	88.1	76.9	76.0	80.0	80.4
水果和浆果	31.9	50.8	38.4	33.2	32.9	40	33.4	35.9	30.4
植物油	13.3	10.2	12.4	14.4	14.6	15.5	16.4	15.7	17.1

资料来源：Агентство по статистике при Президенте Республики Таджикистан, База данных, Потребление продуктов питания на душу населения 1991 – 2011, www. stat. tj. Агентство по статистике при Президенте Республики Таджикистан, «Продовольственная базопасность и бедность», №4 – 2011, Приложение 5. Продовольственный баланс за 2012 – 2016 гг., Таблица 7: Потребление продуктов питания на душу населения, Стр. 91.

表76　　　　　　　塔吉克斯坦居民收入的支出结构　　　（单位：索莫尼/%）

	2012年		2013年		2014年		2015年		2016年	
	支出额	占比	支出额	占比	支出额	占比	支出额	占比	支出额	占比
消费支出	195.9	100.0	223.13	100.0	242.09	100.0	238	100.0	259.3	100.0
1. 食品支出	112.8	57.6	123.34	55.3	134.53	55.6	136.34	57.3	143.98	55.5
1.1 日常食物	111.0	56.6	121.14	54.3	132.33	54.7	134.21	56.4	141.47	54.6
面包	38.7	19.7	42.52	19.1	42	17.3	45.3	19.0	45.32	17.5
土豆	5.2	2.7	5.27	2.4	6.18	2.6	4.94	2.1	4.5	1.7
蔬菜	10.6	5.4	10.85	4.9	13.51	5.6	12.5	5.3	13.1	5.1
水果和浆果	5.2	2.7	6.5	2.9	8.55	3.5	8.12	3.4	8.7	3.4
肉及其制品	18.1	9.2	20.5	9.2	23.06	9.5	22.17	9.3	22.47	8.7
鱼及其制品	0.2	0.1	0.26	0.1	0.35	0.1	0.33	0.1	0.39	0.2
奶及其制品	3.6	1.8	3.97	1.8	4.54	1.9	4.86	2.0	5.08	2.0
糖和糖果	12.4	6.3	13.39	6.0	14.75	6.1	15.31	6.4	17.56	6.8
鸡蛋	2.4	1.2	2.81	1.3	3.39	1.4	3.68	1.5	3.86	1.5
植物油	11.3	5.7	11.08	5.0	11.5	4.8	12.18	5.1	14.54	5.6
茶、咖啡、非酒精饮料	3.3	1.7	3.99	1.8	2.6	1.1	2.73	1.1	3.44	1.3
1.2 非日常用食物	1.8	0.9	2.2	1.0	2.08	0.9	2.13	0.9	2.44	0.9
酒类	0.3	0.1	0.29	0.1	0.24	0.1	0.3	0.1	0.23	0.1
2. 非食品支出	56.3	28.7	62.6	28.1	68.65	28.4	62.85	26.4	76.32	29.4
3. 服务支出	26.6	13.6	32.58	14.6	34.63	14.3	35.04	14.7	38.76	14.9

资料来源：Агентство по статистике при Президенте Республики Таджикистан, База данных, Структура потребительских расходов домашних хозяйств 1998－2016, http：//oldstat.ww.tj/ru/database/socio-demographic-sector/。

（八）农产品进出口

塔吉克斯坦农产品出口额约占出口总值的5%—10%，主要出口品种是蔬菜、水果及其制品（如罐头、果汁等），谷物几乎为零。

塔吉克斯坦粮食和食品进口约占进口总值的20%，主要进口品种有小麦、面粉、糖、植物油、面食品（如挂面、通心粉、面包、饼干）等本国产能不足的农产品，之外还因需求多元化而进口奶制品、蔬菜、水果和饮料等食品。

2008年以来，塔吉克斯坦主要农作物的自给率（国内产量/国内消费量）通常是：谷物粮食年消费量50万—150万吨（面粉折合成小麦计算），自给率约75%；蔬菜瓜果年消费量70万—100万吨，自给率110%—130%；水果年消费量20万—30万吨，自给率100%；糖及其产品年消费量约10万吨，自给率为0；肉及其制品年消费量8万—9万吨，自给率80%—90%，奶及其制品年消费量50万吨，自给率120%；鸡蛋年消费量2.5亿枚，自给率90%；植物油年消费6万—9万吨，自给率1%。

随着本国面粉加工能力增强，塔吉克斯坦每年进口小麦的数量呈增长状态，由2010年前后的七八十万吨增加到2017年前后的100多万吨，同期面粉进口数量则呈下降趋势，从三五十万吨降到十万吨左右，而且很多面粉由原先的从哈萨克斯坦进口改为从乌兹别克斯坦进口。中亚各国自身面粉加工能力的提高，让哈萨克斯坦的小麦出口增加，但面粉出口下降，对哈萨克斯坦的农产品加工业是个不小的冲击。

表77　　　　　塔吉克斯坦农产品进出口统计　　　　（单位：万吨）

	2011年	2012年	2015年	2016年	2011年	2012年	2015年	2016年
	出口	出口	出口	出口	进口	进口	进口	进口
农产品总计	17.6	16.92	22.93	18.26	126.90	168.90	161.44	156.54
小麦	0	0	0.01		44.25	75.77	85.89	103.41
小麦面粉	—	0.01	—	0.02	34.60	36.03	14.04	8.88
糖	—	—	—	0.008	11.86	11.94	14.89	10.41
通心粉、面条	0	0	0	0	1.59	3.10	1.73	1.34
植物油	0	0	0	0.01	7.48	6.64	8.41	8.65

续表

	2011 年 出口	2012 年 出口	2015 年 出口	2016 年 出口	2011 年 进口	2012 年 进口	2015 年 进口	2016 年 进口
奶及其制品	0	0	0.01	0.01	0.85	0.98	1.15	1.02
蛋	—	—	—	—	0.38	0.78	0.28	0.37
茶	0	0	0	0.006	0.66	0.54	0.50	0.70
土豆	0	0	0.05	0.08	1.26	3.31	5.10	0.55
蔬菜	8.41	6.30	11.99	9.98	0.43	1.38	1.60	0.23
水果	1.48	1.40	3.14	2.20	1.85	2.27	3.49	2.41
果蔬饮料	0.17	0.10	0.01	0.003	0.09	0.08	0.14	0.14
果蔬罐头	0.03	0	—	0.005	0.20	0.20	0	0.087

资料来源：Агентство по статистике при Президенте Республики Таджикистан, «Продовольственная базопасность и бедность», №4 – 2012, №4 – 2016, Таблица 6: Экспорт, импорт основных продуктов питания и их доля в общем объем торговли。

十 土库曼斯坦的粮食状况

土库曼斯坦是中亚第二大的内陆国,位于中亚西南部,科佩特山以北,西濒里海,东部是阿姆河,北部与哈萨克斯坦、东部与乌兹别克斯坦接壤,南邻伊朗,东南与阿富汗交界。大体介于北纬35.08°—42.48°、东经52.27°—66.41°之间。国土面积49.12万平方千米(略大于中国的四川省),其中陆地面积约占96.3%,水域面积约占3.7%。从东到西长1100千米,由南到北长650千米。境内基本是低地,约80%国土被沙漠覆盖,平原基本在海拔200米以下。全国仅有4%的土地是可耕地,近2.5%的土地为灌溉农田,土库曼斯坦全国划分成1个直辖市(首都阿什哈巴德)和5个州(阿哈尔州、巴尔坎州、列巴普州、马雷州、达绍古兹州)。

(一)气候和水资源

土库曼斯坦国土以沙漠为主,干旱特征明显,远离水资源来源地,水资源总体较缺乏,经济社会发展依靠绿洲。1960—2010年年均温度为14℃—16℃,年均降水量135毫米,平均蒸发能力2567毫米,蒸降比19∶1。由于降水少、蒸发强,所以生态系统很脆弱。

土库曼斯坦位处亚洲大陆的中部,属典型的温带大陆性气候,昼夜和季节温差大,冬季漫长少雪,夏季炎热干燥,植物生长期 200—270 天。全国 1 月平均温度 - 5℃—4℃，沙漠地区经常零下二三十摄氏度，最低可至 - 33℃。7 月平均气温 28℃—32℃，东南部的卡拉库姆沙漠地区可达 50℃。很多地区的昼夜温差达 35℃。

土库曼斯坦是世界最干旱的地区之一，年降水量由西北向东南递增。西北沙漠地区降水量约 80 毫米，东南山区年降水量 300—400 毫米。降水主要在冬春季降雪（12 月—来年 3 月）。科佩特山脉是全国降雨量最高的地区。冬季空气湿度通常不足 60%。

据统计，土库曼斯坦境内温度总体呈上升趋势，1961—1990 年气温共上升 0.2℃—0.6℃。预计到 2100 年，境内平均气温可能提高 4.2℃—6.1℃，降水减少 4%—6%。预计 9 月至来年 5 月各地年均降水量分别是：阿哈尔州 60 毫米、列巴普州 49 毫米、巴尔坎州 45 毫米、达绍古兹州 16 毫米、马雷州 14 毫米。

土库曼斯坦的水资源表现为 5 个部分：一是地表大河流，主要是阿姆河、穆尔加布河、捷詹河、阿特列克河四大河流。这是国内最主要的水资源来源（来自境外）。根据中亚国家的分水协议，土库曼斯坦每年可从阿姆河获得 220 亿立方米水资源；二是地表小河流，主要是发源于东北部科佩特山脉的河流；三是地下水（大部分是咸水，少部分是淡水）；四是天然湖泊（规模都比较小）；五是水库和人工灌溉系统。

土库曼斯坦地下水资源总储量 33.6 亿立方米（占中亚地区地下水总储量的 8%，有咸有淡）；可开采量为 12.2 亿立方米，实际可开采量为 5.7 亿立方米。据联合国开发计划署数据，开采的地下水主要用于生活饮用水（2.1 亿立方米）、工业用水（0.36 亿立方米）、农业灌溉用水（1.5 亿立方米）、垂直排水（0.6 亿立方米）和其他用途（1.13 亿立方米）等，分别占实际的地下水可开采量的 37%、6%、26%、11%、20%。

土库曼斯坦境内自产径流量很少，年均 9.4 亿立方米，绝大部分水资源来自境外，年均234亿立方米。全国年均可利用水量为250亿—260亿立方米，人均水资源量4333立方米。据联合国开发计划署2010年报告数据，土库曼斯坦年均地表径流量250亿立方米，其中阿姆河220亿立方米，穆尔加布河15.5亿立方米，捷詹河7.7亿立方米，阿特列克河1.7亿立方米，小河流3.1亿立方米。另有地下淡水4.7亿立方米，灌溉回收水99亿立方米，来自乌兹别克斯坦的水渠43亿立方米。

土库曼斯坦境内有3000多条河流，总长1.43万千米，其中95%的河流长度小于10千米，只有40条河流能够常年保持径流。境内的河流分为里海水系（注入里海）、咸海水系（注入咸海）和内陆水系（注入卡拉库姆沙漠等内陆地区）三大部分。主要河流有阿姆河、穆尔加布河、捷詹河、阿特列克河等。

由于下垫面干燥和疏松，土库曼斯坦湖泊较少且多为咸水湖。湖泊主要分布在河湾地带、运河及河道附近绿地和洼地，如穆尔加布河河湾地带约有30个咸水湖泊，平均深度2—3米，在克利夫洼地、穆尔加布河和捷詹河绿洲附近有一些较大湖泊。在卡拉库姆运河地区有很多小湖泊。

卡拉库姆运河调水工程是20世纪80年代建设完成的阿姆河上最大的调水工程，将阿姆河河水引至阿什哈巴德市以西，总长1300千米以上，设计年引水量达130亿立方米，调水量约占阿姆河水量的1/3，灌溉面积超过100万平方千米。运河利用阿姆河的老河床，以卡利夫湖为天然沉沙池，保证其在卡拉库姆荒漠条件下过水，解决了运河运行过程中出现的河槽淤积、河床变形等问题。由于中亚气候干燥，蒸发强烈，运河和灌渠流经疏松沙地，渗漏流失水量增加，加上水利设施的不完善，大量引水量被水利工程耗损掉。

2009年7月，土库曼斯坦在卡拉库姆沙漠深处的卡拉绍盆地动工修建世界最大的人工湖，取名"黄金时代"（Golden Age Lake）。计划湖面面积2000平方千米，深70米，可蓄水量1300

亿立方米。预计仅蓄水一项工程便需 15 年时间，耗资 45 亿美元。

2018 年 2 月，土库曼斯坦政府启动制定《2018—2030 年发展水资源国家纲要》（简称《纲要》），旨在完善水资源开发利用方面的政策和法律，优化农业用水结构，提高灌溉设施和体系的利用效率，落实清洁饮用水计划，改良土壤，注重生态环保，新建水利设施（尤其是卡拉库姆运河、黄金时代大湖、节水和集水设施），协调跨境河流沿岸国立场。《纲要》关注民生和农业发展，计划加大水利设施投入，保障粮食和棉花等农产品产量。

表78　　　　　　　　　土库曼斯坦的主要河流

	长度（千米）	流域面积（平方千米）	发源地
阿姆河	2620	309000	阿富汗
捷詹河	1150	70620	阿富汗
穆尔加布河	978	60000	阿富汗
阿特拉克河	669	27300	伊朗
库什卡河	447	10720	阿富汗
卡尚河	500	7000	阿富汗
松巴尔河	262	7120	伊朗
长岱尔河	146	1868	科佩特山脉
查阿查伊河	89	1440	科佩特山脉
梅阿纳查伊河	86	978	科佩特山脉
库吉唐套	71	1013	库吉唐套山脉
兰依苏河	56	250	科佩特山脉
凯尔特奇纳尔河	34	364	科佩特山脉
菲柳晋卡河	31	480	科佩特山脉
谢基贾普河	25	952	科佩特山脉
阿尔蒂亚普河	13	252	科佩特山脉

（二）土地政策

由于国土的大部分被卡拉库姆沙漠所覆盖，境内土壤以沙土为主，多数是灰钙土和灰褐沙漠土，还有草甸土、沼泽土、灌溉土、褐色土，土壤中所含的有机质和腐殖质很少。从生态角度进行划分，土库曼斯坦土壤亦可划分为三大生态类型，即绿洲土壤、山区土壤及沙漠土壤。绿洲土壤主要分布在阿姆河、穆尔加布河、捷詹河、阿特拉克河绿洲地带，是土库曼斯坦最大的农业区，也是农业灌溉的主要区域。山区土壤分布于南部山地和丘陵，包括科佩特山、库吉唐套山、巴赫德兹丘陵和卡拉比尔高地。沙漠土壤分布于整个中部地区和西部部分地区。沙土、岩质土、黏土分布各异，土壤覆被呈现出不同的特点。

土库曼斯坦的土地总面积达4912万公顷，其中农业用地为3450.8万公顷。按照主要土壤类型分类，土库曼斯坦的土地资源具有以下特点：大面积分布着由沙质沙漠土和灰褐色土，其他类型的土壤仅占全国总面积的8%，山地占领土面积的5%左右。

土库曼斯坦适合灌溉农业用地大约为701.33万公顷，大部分都位于巴尔坎州和阿哈尔州。在种植农作物的地区，灌溉以自流灌溉为主，水源来自地表水，只有在科佩特山麓有限的区域内使用泵抽地下水。

土库曼斯坦《土地法》规定：

第一，境内土地分为7种类型：农用地（耕地、撂荒地、多年生植物用地、牧场、割草场）；森林；水域；国家土地储备；居民用地（城市、村庄、居民点）；工业、交通、通信、能源、国防和其他用途用地；自然保护区、保健、康复和历史文化用地。

第二，土地所有权分为国有和私有两种。私有土地只能是土库曼斯坦公民所有，并用于宅基地、农村自用的个人副业或从事农业生产，不得买卖、赠予、交换和抵押。农村用于建设住房和个人副业的宅基地面积根据地块条件为 0.12—0.16 公顷。城镇用于住房的宅基地面积根据地块而不同，最多不得超过 0.1 公顷。另外，如果公民利用自身技术和资产在长期租用的土地上保证农作物连续高产 10 年的话，该被租用地块可根据总统决定划归该公民私有，但该农用地面积最多不得超过 3 公顷。

第三，土地可以出租。其中租赁给农业生产联合体和其他农业企业从事农业生产的土地不得超过 200 公顷，租期需要 10 年及以上；土地租赁给外国的自然人、法人和国际组织需获得总统批准，可以从事建筑、临时的商贸、仓库和停车场等非农活动。

土库曼斯坦农用地分为耕地、撂荒地、多年生植物用地、牧场、割草场 5 类。土库曼斯坦全国土地总面积 4912 万公顷，其中农用地约占 70%（约 3400 万公顷）。据土库曼斯坦国家统计委员会数据（截至 2002 年 1 月 1 日），农用地中，90% 是牧场（3022.87 万公顷），5% 是耕地（共计 164.59 万公顷，其中水浇地 162.45 万公顷），2% 是多年生林地（5.97 万公顷），另外还有 3.37 万公顷撂荒地和 0.96 万公顷割草场。

表79　　土库曼斯坦土地利用面积统计（2002 年 1 月 1 日）

（单位：万公顷）

	2000 年	占比	2002 年	占比
农用地	3450.72	69.8%	3441.39	69.4%
国家土地储备	971.23	19.7%	998.53	20.1%
林地	221.88	4.5%	222.13	4.5%
居民用地	10.16	0.2%	11.98	0.2%
工业、交通和其他用地	161.85	3.3%	161.62	3.3%
自然保护区、保健、康复和历史文化用地	78.77	1.6%	78.76	1.6%
水利	45.69	0.9%	45.89	0.9%
合计	4940.3	100%	4960.3	100%

资料来源：И. Станчин Ц. Лерман, Центр исследования экономики сельского хозяйства Иерусалимского университета «Аграрная реформа в Туркменистане», Глава Ⅳ Земельные ресурсы Туркменистана в процессе реформы, Динамика распределения земельного фонда Туркменистана по категориям земель.

表80　　　　土库曼斯坦农用地统计（2002年1月1日）　（单位：万公顷）

	农地总面积	耕地	旱地	水浇地	多年生林地	撂荒地	牧场	割草场	土壤改良地	其他
国有企业农用地	3433.28	159.86	2.08	157.78	5.93	3.27	3021.14	0.96	2.99	239.13
农业生产联合体	3386.39	152.92	2.08	150.84	5.80	3.01	2988.69	0.94	2.84	232.19
其他企业	46.89	6.94	—	6.94	0.13	0.26	32.45	0.02	0.15	6.94
农户	8.11	4.73	0.06	4.67	0.04	0.10	1.73	—	0.19	1.32
农户私有	6.67	3.86	0.03	3.83	0.04	0.04	1.57		0.14	1.02
长期租赁	1.44	0.87	0.03	0.84	—	0.06	0.16		0.05	0.30
合计	3441.39	164.59	2.14	162.45	5.97	3.37	3022.87	0.96	3.18	240.45

注：表内数据为土库曼斯坦境内使用面积，不含租赁乌兹别克斯坦的土地。土壤改良地是指处于土壤改良阶段的农用地。

资料来源：И. Станчин, Ц. Лерман, Центр исследования экономики сельского хозяйства Иерусалимского университета «Аграрная реформа в Туркменистане», Глава IV Земельные ресурсы Туркменистана в процессе реформы, Распределение земельного фонда Туркменистана по землепользователям и угодьям по состоянию на 1.01.2002г。

（三）农业发展战略

为提高粮食生产，土政府采取的主要措施有：第一，首要任务是努力增加小麦产量，争取既保证本国消费需求（面粉、面包等），又可以大量出口，赚取外汇。第二，扩大科技和资本投入，提高作物单产量。第三，给予农业财政和税收优惠，如取消土地税、提供购买燃料和化肥补贴、扩大国家收购、被国家收购的作物的种植成本由国家负担50%等。

目前，土库曼斯坦正在执行的国家总体发展战略规划是2010年5月14日土总统签署的《2011—2030年社会经济发展国家纲要》，涉及油气、电力、化工、纺织、建筑建材、交通运输、通信、农业、医疗保健、人力资源等诸多领域，其中农业发展目标是：

第一，在 2010 年小麦和棉花产量的基础上，继续扩大主要农作物种植面积，运用和推广先进科技成果，提高粮棉产量，争取 2020 年实现国内市场主要农副产品完全自给；

第二，完成国家级重点水利工程项目"黄金时代"人工湖二期工程建设，彻底解决主要农区农田灌溉和牲畜饮水问题，并改善周边地区生态；

第三，2021—2030 年建成高水平的农作物和牲畜育种基地以及饲料基地；

第四，2030 年前形成符合国际标准的农产品生产能力，建成出口导向的农产品生产和加工基地。

（四）农业生产主体

土库曼斯坦的农业生产主体主要分为 3 大类。

一是公司制的农业企业，如国营农场、加工企业、科研机构、高校、农业金融机构等。其中规模比较大的农工企业有"土库曼斯坦国家食品工业联合体""土库曼斯坦谷物制品联合体""土库曼斯坦农业服务联合体"。为保障农业发展，土库曼斯坦于 1996 年 4 月 25 日成立"农业发展基金"，为农业企业和农户提供资金支持。

二是具有合作性质的"农业生产联合体"（Крестьянское объединение），具有法人资格。它是在苏联集体农庄基础上改革而来的自愿性农业生产合作形式，可以是国有、集体、混合或其他所有制形式。联合体领导由所属区市负责人提名（需考虑长老委员会意见），州长任命。联合体成员需是直接从事农业生产的公民，为农业生产服务或农村社会服务的人员（如教师、医生等）不得成为联合体成员，但可与联合体签订劳动合同，成为其雇员。

三是农户（Дайханское хозяйство），即在自有或长期租赁的土地上,以家庭为单位的农业生产形式(不存在雇佣关系)。根据土库曼斯坦《农户法》规定,农户也具有法人资格,须在有关机构注册登记,可在银行开户,可以自己的名义进行。

(五)粮食种植面积

为提高本国粮食安全,保证本国粮食需求,减少对进口的依赖,土库曼斯坦努力增加灌溉面积,同时积极调整种植结构,减少部分作物种植面积,优先保障小麦等粮食作物种植。总体上,土库曼斯坦种植结构已从独立初期的以棉花种植为主转为以小麦种植为主。据联合国粮农组织统计(2012—2016年):

第一,扩大粮食种植面积。土库曼斯坦每年农业种植面积约150万公顷,其中粮食种植面积134万公顷(小麦115万公顷,水稻12万—15万公顷,玉米4万公顷,大麦2万公顷,土豆1.5万公顷)。苏联时期,大麦是土库曼斯坦第二大粮食作物,但1995年后大幅减产,尽管2000年后稍有恢复,也未能达到苏联时期水平。主要原因是为小麦种植让路,改种小麦,确保本国粮食自给。

第二,棉花种植面积基本未变,维持在60万—65万公顷水平。不过,因总耕地面积增加,棉花种植面积占总种植面积的比重下降。

第三,蔬菜、瓜果、饲料作物等种植面积下降,其中饲料作物减幅最大,从1992年的34万公顷降至2万公顷。

表81　　　　土库曼斯坦农作物种植面积统计　　　(单位:万公顷)

	小麦	大麦	稻米	玉米	土豆
2010年	86.8600	1.3200	1.8000	0.3300	1.4500
2011年	85.7800	0.4500	1.5100	0.3400	1.5100
2012年	91.6830	1.1499	9.6930	3.2020	1.5121

续表

	小麦	大麦	稻米	玉米	土豆
2013 年	114.6079	2.1043	11.4457	4.0168	1.4791
2014 年	99.1668	2.1310	12.6237	3.7720	1.5041
2015 年	126.3063	2.1599	13.5953	3.8822	1.5212
2016 年	147.7239	1.4474	14.3423	3.8408	1.5376

资料来源：联合国粮农组织在线数据库。

（六）粮食生产和消费

土库曼斯坦95%的农用地是灌溉地。粮食作物主要是小麦，此外还少量生产大麦、大米、玉米等。受气候和种植面积影响，粮食产量波动较大，2010—2016年年均153万吨（120万—180万吨）。小麦是土库曼斯坦最主要的粮食作物，年均产量138万吨（120万—160万）。大米每年约生产13万吨，大麦2万吨，玉米4万吨。

土库曼斯坦的粮食消费主要用于食用，少部分用于种子和饲料生产。

从2013年起，土库曼斯坦不仅实现粮食自给，还有剩余出口（主要销往邻近的伊朗和阿富汗），出口量不稳定，最多的约30万吨。

表82　　　　　　　　土库曼斯坦粮食产量统计　　　　　（单位：万吨）

	小麦	大麦	稻米	玉米	土豆
2010 年	147.6620	2.2400	3.0600	0.5610	24.9600
2011 年	116.8220	0.6750	2.2650	0.5510	25.1500
2012 年	120.0000	1.6142	12.9000	4.8000	25.8715
2013 年	160.0000	3.0000	13.2000	5.2000	29.1547
2014 年	120.0000	3.0000	13.0000	5.0000	29.6102

续表

	小麦	大麦	稻米	玉米	土豆
2015年	140.6000	3.0000	13.0000	5.1000	30.6295
2016年	160.0000	2.0000	13.0000	5.0000	31.6488
平均	137.8691	2.2185	10.0607	3.7446	28.1464

资料来源：联合国粮农组织在线数据库。

表83　　　　　土库曼斯坦粮食单位产量统计　　（单位：千克/公顷）

	小麦	大麦	稻米	玉米	土豆
2010年	1700	1697	1700	1700	17214
2011年	1362	1500	1500	1621	16656
2012年	1309	1404	1331	1499	17110
2013年	1396	1426	1153	1295	19711
2014年	1210	1408	1030	1326	19687
2015年	1113	1389	956	1314	20135
2016年	1083	1382	906	1302	20583

资料来源：联合国粮农组织在线数据库。

表84　　　　　土库曼斯坦农作物产量统计
（土库曼斯坦国家统计委员会数据）　　（单位：万吨）

年份＼总产量	1990	1995	1996	2000	2001	2002	2003	2004	2005	2006	2007
棉花	145.72	129.44	43.55	103.10	113.70	49.00	71.37	73.26	73.79	85.19	94.98
粮食作物	44.91	110.92	55.64	175.86	212.20	247.10	268.18	298.69	321.77	357.97	108.59
小麦	13.38	87.87	45.31	170.53	201.01	231.19	253.55	284.41	311.13	351.54	101.36
水稻	4.72	8.88	4.09	3.22	4.70	8.34	11.16	9.89	8.96	4.50	5.08
蔬菜	41.06	37.64	31.00	34.66	41.4	44.85	49.31	54.24	60.33	62.79	63.45
瓜果	31.47	19.92	18.98	13.48	16.80	19.01	19.44	21.42	24.50	25.80	26.00
土豆	3.51	2.05	2.13	8.87	11.48	13.98	15.98	20.99	22.93	24.52	24.65
甜菜	0	0	0.41	0.85	0.47	0.66	1.86	4.18	7.02	10.54	—

续表

年份\总产量	1990	1995	1996	2000	2001	2002	2003	2004	2005	2006	2007
水果	4.72	3.62	2.39	6.20	7.55	9.12	9.87	11.02	13.07	15.01	15.54
葡萄	16.93	16.30	9.40	19.46	23.84	24.55	24.61	27.62	32.20	33.41	33.70

年份\单产量	1990	1995	1996	2000	2001	2002	2003	2004	2005	2006	2007
棉花	2340	2300	820	1660	1460	700	1140	1190	1140	1360	1480
粮食作物	2400	1670	880	2310	2320	2570	2930	3140	3250	3670	1250
小麦	2300	1590	840	2300	2290	2550	2910	3150	3270	3710	1220
水稻	2950	2300	1240	2750	2050	2120	3280	2980	2840	2020	2290
蔬菜	1193	16360	14030	20630	24230	25920	28180	29640	30780	30190	29100
瓜果	794	8470	2840	9640	12340	15710	16470	2120	22480	23350	22190
土豆	816	3420	2840	9640	12340	15710	16470	2120	22480	23350	22190
甜菜	0	0	0	1160	550	1430	5020	8360	11500	8430	—
水果	1850	1640	1260	2980	3490	4090	4300	6600	7780	9620	10030
葡萄	6340	6520	4080	7540	8420	8500	8570	11960	13090	14920	15170

资料来源：ФАО Региональное бюро по Европе и Центральной Азии Иавн Станчин, Цви Лерман и Дэвид Седик, «Потенциал роста доходов сельского населения Туркменистана на основе альтернативных сельскохозяйственных культур», Исследования по политике перехода сельского хозяйства №2011 – 1 Март 2011 г. Стр. 15。

表85　　2007年土库曼斯坦种植业收入和成本统计

	棉花	小麦	蔬菜	瓜果	土豆	酒用葡萄	食用葡萄	水果	其他	总计
种植面积（万公顷）	64.27	83.29	2.18	0.89	1.11	1.00	1.20	1.55	14.06	169.55
单产量（千克/公顷）	1480	1220	29100	29200	22400	15300	15300	10000	—	—
产量（万吨）	94.98	101.36	63.45	26.00	24.65	15.30	18.36	15.54	—	—

续表

	棉花	小麦	蔬菜	瓜果	土豆	酒用葡萄	食用葡萄	水果	其他	总计
平均销售价格（马纳特/千克）	5200	800	4000	2000	4000	1000	10000	6000	—	—
总收入（亿马纳特）	49390	8110	25380	5200	9860	1530	18360	9320	11260	138410
材料（亿马纳特）	28410	2910	10400	3460	4040	630	7530	3820	6750	67950
税费（亿马纳特）	1820	810	2280	470	890	150	1650	840	1010	9920
收入（亿马纳特）	19160	4390	12700	1270	4930	750	9180	4660	3500	60540
每公顷平均收入（万马纳特）	300	52.7	5820	1430	4480	750	7650	3000	250	357
每公顷平均收入（美元）	127	22	2476	608	1906	319	3255	1276	106	152

资料来源：ФАО Региональное бюро по Европе и Центральной Азии Иавн Станчин, Цви Лерман и Дэвид Седик, «Потенциал роста доходов сельского населения Туркменистана на основе альтернативных сельскохозяйственных культур» Исследования по политике перехода сельского хозяйства №2011 – 1 Март 2011 г. Сравнительные показатели доходов и затрат по отраслям растениеводства в сельском хозяйстве Туркменистана в 2007г。

表86　　土库曼斯坦每名棉花和小麦生产者平均产出效益统计

	2002年		2003年		2004年		2005年	
	棉花	小麦	棉花	小麦	棉花	小麦	棉花	小麦
人均种植面积（公顷）	2.77	5.04	2.42	5.67	2.34	5.10	1.80	5.04
单产量（千克/公顷）	760	1360	1200	1440	1240	1490	2100	1680
产量（吨）	2.10	6.85	2.90	8.16	2.85	7.60	3.78	8.47
总收入（万马纳特）	253.4	293.7	331.8	348.0	336.4	315.2	404.1	281.6
总支出（材料+税费，万马纳特）	130.9	187.8	162.0	236.2	165.5	220.7	223.6	207.4

续表

	2002 年		2003 年		2004 年		2005 年	
	棉花	小麦	棉花	小麦	棉花	小麦	棉花	小麦
收入（万马纳特）	122.5	106.0	169.8	111.8	170.9	94.5	180.5	74.2
生产者平均收入（美元）	55	47	85	56	70	39	75	31
生产者平均日收入（美元）	0.15	0.13	0.23	0.15	0.19	0.11	0.20	0.08

资料来源：ФАО Региональное бюро по Европе и Центральной Азии Иавн Станчин, Цви Лерман и Дэвид Седик, «Потенциал роста доходов сельского населения Туркменистана на основе альтернативных сельскохозяйственных культур », Исследования по политике перехода сельского хозяйства №2011 – 1 Март 2011 г. Доходы в среднем на одного арендатора на производстве пшеницы. Доходы в среднем на одного арендатора на производстве хлопка-сырца.

表 87　　　　　2013 年土库曼斯坦粮食消费统计　　　　（单位：万吨）

	小麦及其制品	稻米	大麦	玉米	土豆
生产	130.0	6.7	7.5	1.6	25.0
进口	71.5		1.2		0.9
供应总量	201.5	6.7	8.7	1.6	25.9
饲料	80.2	0.8	6.2	1.5	9.2
种子	10.3		1.0	0.1	0.5
损失	12.0	0.2	0.2		0.3
食用	99.0	5.7	1.2		16.0
年人均食物消费量（千克/人·年）	18.9	1.1	0.2		30.53
每日人均食物摄取量（千卡/人·日）	146.9	10.8	1.6		56

资料来源：联合国粮农组织在线数据库。各粮食品种的库存未有统计。

参考文献

龙爱华等:《气候变化下新疆及咸海流域河川径流演变及适应性对策分析》,《干旱区地理》2012 年第 5 期。

胡汝骥等:《中亚 (五国) 干旱生态地理环境特征》,《干旱区研究》2014 年 1 月。

唐华俊、李哲敏:《基于中国居民平衡膳食模式的人均粮食需求量研究》,《中国农业科学》2012 年第 11 期。

Межгосударственный совет по гидрометеорологии СНГ, «Сводное ежегодное сообщение о состоянии и изменении климата на территорияхгосударств-участников СНГ», Москва, 2013 г.

База данных по Аральскому морю, Динамика водных ресурсов стран бассейна (по И. Шикломанову), http://www.cawater-info.net/aral/data/dyn_ca.htm.

Поверхностные водные ресурсы бассейна Аральского моря (среднегодовой сток, км^3/год), http://www.cawater-info.net/aral/water.htm. ADB, Final Report "Central Asia Regional Economic Cooperation: Power Sector Regional Master Plan" (Cofinanced by the Regional Cooperation and Integration Fund under the Regional Cooperation and Integration Financing Partnership Facility), October 2012.

IFPRI: 2018 Global Hunger Index, https://www.ifpri.org/publication/2018-global-food-policy-report.

The International Food Policy Research Institute (IFPRI), *Food Policy Indicators: Tracking Change*, Agricultural Total Factor Productivity (TFP).

Продовольственная и сельскохозяйственная организация Объединенных Наций, Мурат Койшыбаев, Хафиз Муминджанов, «Методические указания. По мониторингу Болезней, вредителей и сорныхрастений на посевах зерновых культур», Анкара, 2016, Список вредителей и болезней, наблюдаемых на посевах сельскохозяйственных растениях в 2016 году.

Агентство Республики Казахстан по статистике, Статистический сборник «Охрана окружающей среды и устойчивое развитие Казахстана 2008 – 2012», Астана 2013, 6. Водные ресурсы.

Агентство Республики Казахстан по статистике, Статистический сборник «Охрана окружающей среды и устойчивое развитие Казахстана 2007 – 2011», Астана 2012, 6. Водные ресурсы.

Агентство Республики Казахстан по статистике, Статистический сборник «Сельское лесное и рыбное хозяйство в Республике Казахстан 2012 – 2016», Астана 2017, 3.49 Валовой сбор основных сельскохозяйственных культур.

Государственный комитет Республики Узбекистан по охране природы, «Национальный доклад о состоянии окружающей среды и использовании природных ресурсов в Республике Узбекистан – 2008: (Ретроспективный анализ за 1988 – 2007 гг.)», Ташкент 2008, Стр. 33, 2.6.1 Изменение температуры.

Государственное агентство по охране окружающей среды и лесному хозяйству при Правительстве КР, Использование водных ресурсов, Объем забранной воды и ее использование, http://www.nature.kg/index.php?option=com_content&view=article&id=21&Itemid=12&lang=ru.

Закон Кыргызской Республики от 3 июня 1999 года №47 «О крестьянском(фермерском) хозяйстве» (В редакции Законов КР от 4 января 2001 года N 1, 16 октября 2002 года № 142).

Национальный статистический комитет Кыргызской Республики, «Сельское хозяйство Республики Кыргызстан 2012 – 2016», 3посевная площадь сельскохозяйственных культур (в хозяйствах всех категорий), Бишкек 2018.

«Зависимость от импорта сельхозпродукции все еще актуальна— Минсельхоз Кыргызстана», http://www.kazakh-zerno.kz/index.php?option = com _ content&task = view&id = 68 574&Itemid = 109.

«thesecond national communication of the republic of tajikistan under the UN framework convention on climate change», «Третье Национальное Сообщение Республики Таджикистан по рамочной Конвенции ООН об Изменении Климата» (РКИК ООН)

Агентство по статистике при Президенте Республики Таджикистан, аналистические таблицы, Реальный сектор, Распределение сельскохозяйственных угодий.

Институт пустынь Академии наук Туркменистана, Программа ООН по окружающей среде (ЮНЕП), «Национальная программа действий по борьбе с опустыниванием в Туркменистане», Ашгабат 1996.

ФАО Региональное бюро по Европе и Центральной Азии Иавн Станчин, Цви Лерман и Дэвид Седик, «Потенциал роста доходов сельского населения Туркменистана на основе альтернативных сельскохозяйственных культур», Исследования по политике перехода сельского хозяйства №2011 – 1 Март 2011 г.

张宁，现任中国社会科学院俄罗斯东欧中亚研究所中亚研究室主任、研究员。长期从事中国西部安全与发展、中亚国情、区域国际合作机制、上海合作组织、欧亚经济联盟、欧亚大国战略等领域研究。